新訂版

証券投資の理論と実際

－MPT の誕生から行動ファイナンスへの理論史－

竹田　聡

TAKEDA Satoshi

学文社

はじめに

2001年10月の確定拠出年金法の施行を受けて，日本版401kと呼ばれる確定拠出年金を導入する企業が増えてきた．企業の一従業員が，自己責任の名の下に自己の年金資産運用を行う時代が到来している．確定拠出年金は，これまで企業が負担していた年金資産運用のリスクを従業員に転嫁するものであり，戸惑いを覚える従業員も多いだろう．

その後，法改正によって2017年1月には個人型確定拠出年金の加入対象者がすべての現役世代に広がった．2024年1月からはNISA（Nippon Individual Savings Account；少額投資非課税制度）が大幅に改訂され，貯蓄から投資への流れが再起動されようとしている．この意味で，日本人（正確には日本国の居住者）にとって，証券投資論の知見は不可欠のものになろうとしている．

MPT（現代ポートフォリオ理論）と呼ばれる投資理論は，実はこうしたリスク資産運用の問題に明快な解を用意している．リスク資産と無リスク資産をどのような比率で保有するかというアセット・アロケーション（資産配分）は，各個人の選好に依存する各個人の問題であり，一意的な解はない．しかし，リスク資産をどのように運用するか，どのような株式ポートフォリオを保有すればよいかという問題には，われわれに利用可能な明快かつ一意的な解がある．このため証券投資研究は，リスク資産に直接関わる投資家のみならず，年金に関わる現代人にとっても重要である．

さらに，証券投資研究においては，近年，行動ファイナンスと呼ばれる革新的な研究が盛んに展開されている．行動ファイナンスはその斬新さゆえに「革命」と呼ばれる．主流派経済学が想定する合理的経済人の仮定を捨て去り，非合理的あるいは限定合理的な経済人による市場経済を描く経済学を，言い換えると，生身の人間が存在する経済学を打ちたてようとする知的試みであるからだ．

本書では，MPTの誕生から行動ファイナンスの展開までの証券投資の理論

と実際を考察することによって，我が国の家計・年金基金の資産運用への示唆を探る．すなわち，証券投資の理論史を研究し，株式市場におけるエビデンスを整理する．証券投資の理論史は証券市場の効率性を巡る研究史であり，秀才たちが最強の証券投資戦略を求めて研究を繰り広げた歴史でもある．

☆　　　☆　　　☆　　　☆　　　☆

　最初に，筆者が本研究を始めた動機について記しておきたい．それは証券投資の理論史を纏め，我が国の家計・年金基金の資産運用への示唆を得たいということである．というのは，ケインズやマルクスの理論史研究は多数あるが，証券投資の分野では Bernstein（1992）の研究以外はないのではないかと思ったためである．

　たとえば，Bernstein（1992）の日本語版の翻訳者である青山護・山口勝業の両氏は次のように述べている．

　　「いわゆる「経済学史」ではアダム・スミス，マルクス，ケインズなど偉大な学者たちの思想と歴史的背景を扱った著作はすでにたくさんあるが，投資理論の分野では本書が初めてのものであろう．この分野でその歴史をたどることができるまでになったということは，ノーベル賞ともあいまって経済学の一分野としての地位を確立したことを如実に物語っている.[1]」

　Bernstein（1992）には，MPT が金融工学に精緻化されていく過程が描かれているが，筆者は MPT のアノマリー（効率的市場仮説では説明できない変則的事象）研究が金融工学に対するアンチテーゼである行動ファイナンスと交錯する過程を描きたいと思う．

☆　　　☆　　　☆　　　☆　　　☆

　次に，本書の内容について紹介する．

　第Ⅰ章「ランダム・ウォークの発見」では，MPT 前史といえる株価の予測可能性に関する先駆的研究を考察する．ここでは，MPT が誕生するよりもはるか以前に，証券価格はランダム・ウォークすることを指摘した Bachelier（1900）から考察を始める．

第Ⅱ章「MPT とインデックス運用」では，Markowitz（1952），Tobin（1958），Sharpe（1964）による MPT の到達点である CAPM（資本資産評価モデル）を考察する．さらに，CAPM の拡張である Ross（1976）の APT（裁定価格理論）を CAPM と比較・考察し，インデックス運用の実際を考察する．

第Ⅲ章「効率的市場仮説を巡って」では，インデックス運用の優位性を理論的に支える効率的市場仮説を巡る初期の議論を考察する．さらに，Fama（1970）による効率的市場仮説の検証を批判的に考察し，現実の株式市場が効率的市場仮説の想定する世界とは異なり効率的ではないならば，市場インデックスは効率的ポートフォリオではないことを指摘する．

第Ⅳ章「WACC と ROIC」では，まず企業の資本コストについて説明し，DCF 法（割引キャッシュフロー法）による企業価値評価を考察する．さらに，WACC（加重平均資本コスト）と企業価値評価の応用問題として，公募増資と企業価値について NPV（正味現在価値）を用いて考察し，ROIC（投下資本利益率）と企業価値の創造について考察する．最後に，EVA スプレッドと株価の関係を考察することによって，WACC，ROIC，NPV，EVA と効率的市場仮説との関係を確認する．

第Ⅴ章「効率的市場仮説と行動ファイナンス」では，まず行動ファイナンス研究には，認知心理学を応用したアプローチと，裁定取引が不完全にしか行われないことを重視するアプローチの 2 つの潮流があることを指摘する．次に，行動ファイナンスの立場から，効率的市場仮説の成立要件の妥当性を検討する．さらに，Black（1986）が示唆したノイズ・トレーダーの役割や De Long et al.（1990）のノイズ・トレーダー・モデルとその意義を検討する．

第Ⅵ章「過剰反応仮説と過小反応仮説」・第Ⅶ章「バリュー投資」は，近年の行動ファイナンス研究，とりわけ裁定不全アプローチの先駆的・代表的な研究成果を考察する．すなわち，この潮流の理論史を考察すると同時に，現実世界の非効率的な証券市場における株式投資にとって有用なエビデンスを整理する．そこには，インデックス運用をアウトパフォームする株式投資戦略を考案

するためのヒントがあるはずである.

とりわけ,第Ⅶ章ではバリュー対グロースの収益率格差の循環的変動に関する独自の試論を提示する.すなわち,バリュー投資戦略の優位性が低迷する期間が循環的に訪れており,低迷の後にはバリュー投資戦略が有効に機能しているが,これはどのように解釈すべきであろうか.証券市場は必ずしも効率的ではないという立場から,ひとつの試論を提示する.

第Ⅷ章「GPIF の基本ポートフォリオの変更を巡って」では,2014 年 10 月 31 日の夕方に発表された GPIF の基本ポートフォリオの変更について考察する.すなわち,前章までの MPT および行動ファイナンスの理論史研究の観点から,GPIF の ① リスク資産比率の引き上げ(無リスク資産比率の引き下げ)と,② リスク資産の運用の在り方(12 ± 6% から最大 34% まで,日本株運用比率を引き上げること)の 2 つの論点について,どう評価すべきかを考察する.さらに,効率的市場派と行動ファイナンス派のいずれの立場をとるべきか,もはや実証研究によって決着のつく問題ではないことを指摘し,行動ファイナンスは MPT を特殊ケースとして包括しうる,より一般的な理論であると位置づける.

第Ⅸ章「ポスト CAPM のファクターモデルを巡って」では,まずポスト CAPM と位置づけられる,いくつかの代表的なファクターモデルを考察する.次に,代表的なファクターモデルを用いて行われた米国の先駆的な実証研究を検討し,期待収益率と各指標との関係の観点から,米国株市場におけるエビデンスを整理する.

第Ⅹ章「行動ファイナンスと投資家心理」・第Ⅺ章「ヒューリスティック」では,認知心理学を応用した行動ファイナンスのアプローチを考察する.すなわち,プロスペクト理論と呼ばれる選好の基礎理論を概観し,この分野の代表的・先駆的論文に拠りながら各種のバイアスを整理し,現実世界の非効率的な証券市場における株式投資を考察する.

第Ⅻ章「財政破綻リスクと資産運用戦略」では,我が国の家計・年金基金の

資産運用において極めて重要であるにもかかわらず，これまでほとんど考察されてこなかった無リスク資産運用を巡る問題を考える．すなわち，MPT と行動ファイナンスのいずれの議論においても，トービンの 1958 年論文（Tobin 1958）の公刊以降は，万人に利用可能な単一の無リスク資産の存在が想定されてきた．その無リスク資産とは，MPT の本家である米国では米国短期財務省証券とされているが，我が国では日本国債が無リスク資産とされてきた．しかし，日本の財政破綻の可能性を考慮すると，日本国債はもはや無リスク資産ではない．無リスク資産の存在しない現実世界の日本人（正確には日本国の居住者）の資産運用において，無リスク資産運用はどうあるべきかを考察する．さらに，外貨建て資産運用が我が国経済に与える影響や，我が国の政府債務残高の行方を考える．

　「おわりに」では，行動ファイナンスという思想革命が，トーマス・クーンの言う意味での「科学革命」といえるのか否かについて考察する．

　なお，本書の初出は，次の通りである．
【初出一覧】
第Ⅰ章　ランダム・ウォークの発見——MPT 前史
　　　　竹田（2007b）
第Ⅱ章　MPT とインデックス運用
　　　　竹田（2007c）
第Ⅲ章　効率的市場仮説を巡って
　　　　竹田（2007b）
第Ⅳ章　WACC と ROIC——企業価値との関連を中心に
　　　　竹田（2009）第Ⅴ章
第Ⅴ章　効率的市場仮説と行動ファイナンス
　　　　竹田（2008）
第Ⅵ章　過剰反応仮説と過小反応仮説——リバーサルとモメンタム

vi

竹田（2008）

第Ⅶ章　バリュー投資——バリュー株効果と小型株効果

竹田（2008）

第Ⅷ章　GPIF の基本ポートフォリオの変更を巡って——日本株組入れ比率の
目安の変更をどう見るか

竹田（2016）および竹田（2009）第Ⅸ章第 3 節・第Ⅻ章第 1 節

第Ⅸ章　ポスト CAPM のファクターモデル

竹田（2019）

第Ⅹ章　行動ファイナンスと投資家心理——基礎理論の概観と選択・評価のバ
イアス

竹田（2009）第Ⅹ章

第Ⅺ章　ヒューリスティック——認知上のバイアス

竹田（2009）第Ⅺ章

第Ⅻ章　財政破綻リスクと資産運用戦略——無リスク資産の存在しない現実世
界で考える

竹田（2017）

　上記の拙稿は，本書の初版（竹田 2009）や筆者の博士論文（竹田 2018a）および
び新訂版である本書に収録する過程で加筆修正を行っている．

☆　　　☆　　　☆　　　☆　　　☆

　本論に入る前に，米国のファイナンス研究に関する筆者の基本的見解を記し
ておく．

　現在の米国のファイナンス研究には，MPT から金融工学への流れと，MPT
から行動ファイナンスの流れという 2 つの流れがあり，かつては圧倒的に前者
の流れが主流であった．筆者は今後ますます後者の流れが主流になるのではな
いかと考えており，本書では後者の理論史を考察し，株式市場におけるエビデ
ンスを整理する．

　金融工学と行動ファイナンスという 2 つの流れとも，MPT の拡張であると

筆者は考えている．金融工学を MPT の拡張として捉えることは通説的理解である．しかし，行動ファイナンスを MPT の拡張として捉えることには異論もあるようだ．すなわち，投資家行動の非合理性あるいは限定合理性からスタートする行動ファイナンス研究をパラダイム・シフトあるいは科学革命として捉え，証券投資の基礎理論は書き換えられたと考える論者もいるようである．

　筆者は本書において，行動ファイナンスも MPT の拡張であるとする立場から，行動ファイナンスは MPT を特殊理論として包括しうる，より一般的な理論であると位置づけたい．

　金融工学については，筆者の能力の制約上，本書ではその理論史的展開には踏み込まない．筆者は，金融工学はオプションの理論価格の算出には不可欠な研究であると考えている．

　筆者は，金融工学と行動ファイナンスはいずれも MPT の拡張であるが，金融工学は市場の効率性を前提に構築された学問体系であり，市場の非効率性を重視する行動ファイナンスとは相対立するものと考えている．

　金融工学は市場の効率性を前提にしているため，それによって計算されるオプション価格はあくまでも理論価格であり，現実の価格とは異なる．一般に，金融工学の研究者は効率的市場仮説の支持者でもあるので，理論価格と現実の価格の乖離を裁定機会と捉える．彼らは，割高な証券を売り割安な証券を買うという裁定取引を行うことによって，利益を得られると主張する．そして，裁定取引によって市場の効率性が瞬時に保たれるというのである．

　なるほど効率的市場仮説の想定するように現実の価格が理論価格にすぐに収束するならば，そうした裁定取引によって利益を得られるだろう．しかし，実際には現実の価格が理論価格からますます乖離していくようなことが起こる．金融危機の際には，この乖離が収束するどころかどんどん拡大していくことが起こるのである．

　典型的な事例は，1998 年のロシア財政危機のときにヘッジファンドのLTCM（Long-Term Capital Management）が破綻したことである．金融危機の際

に見られるヘッジファンドの破綻をもって金融工学を否定することは妥当ではない．しかし，金融工学の前提である市場の効率性を問題にすることは重要であろう．

筆者は長期的に見れば証券市場はそこそこ効率的であると考えているが，このことと，ほとんど常に効率的であると考える効率的市場仮説の主張とは峻別すべきである．この点こそ，いずれも MPT の拡張でありながら，金融工学と行動ファイナンスが相対立すると考える所以である．

☆　　　☆　　　☆　　　☆　　　☆

本書の初版の出版は 2009 年 1 月である．今から振り返ると，リーマンショックの影響が色濃く残る時期であった．その後，幸いなことに本書は 4 回の増刷を重ね，この度，新訂版を出版することになった．

本書では，2024 年 1 月に刷新された NISA も見据えて，第 8 章第 3 節で個人投資家のための合理的投資法にも言及している．我が国もようやく「金利のある世界」に復帰したが，今後，われわれは好むと好まざるとにかかわらず，多かれ少なかれリスク資産と向き合わざるを得ないだろう．そうであるならば，とりわけアカデミズムにおいて秀才たちが証券投資の必勝法を探究した物語を紐解き，学問的な証券投資論を正確に理解することは，とても有益なことではないだろうか．精神的にも厳しい証券運用の世界では，腹に落ちた知識でないと通用しない，と筆者は考えている．

ところで，次の言葉は，筆者が若い頃に作家の橘玲氏の著作を読んでいたときにインスパイアーされたものである．

「人生のリスクはゼロにはできない．」

これと同様の主旨の文章を，橘氏の著作で読んだと記憶しているのだが，橘氏の表現は若干異なるものだったと思う．人は人生のさまざまな場面で，多かれ少なかれリスクを取らざるを得ない．そうであるならば，リスクを見極めて，取るべきリスクは取らなければいけない．そんなことを若い時分に考える契機になった．これは金融論や証券投資論の学びとともに，筆者に大きな影響

を与えたものと思う．秀才たちの言葉に触れながら，証券投資の理論史を学ぶことは，多くの人の人生において幸運をもたらすのではないだろうか．

2024 年 6 月

竹　田　　聡

注）
1) Bernstein（1992）訳書（2006 年）の「訳者はしがき」xiii 頁．なお，一月効果の研究史としては，Haugen and Lakonishok（1988）がある．

目　　次

はじめに　i

第Ⅰ章　ランダム・ウォークの発見―MPT 前史 ………………………1

1．ランダム・ウォーク仮説の誕生　1

2．ランダム・ウォーク仮説の実証研究　4

3．結び　10

第Ⅱ章　MPT とインデックス運用 ……………………………… 12

1．分散投資と効率的ポートフォリオ　13

2．最適ポートフォリオと分離定理　15

3．CAPM　17

4．裁定価格理論　20

5．インデックス運用の実際と ETF　22

6．結び　24

第Ⅲ章　効率的市場仮説を巡って……………………………… 28

1．効率的市場仮説とは　29

2．効率的市場仮説の検証　31

3．結び　34

第Ⅳ章　WACC と ROIC ―企業価値との関連を中心に ……………… 37

1．WACC と企業価値評価　37

2．公募増資と企業価値　40

3．ROIC と企業価値の創造　43

4．結びに代えて　44

目　次　xi

第Ｖ章　効率的市場仮説と行動ファイナンス……………………………… 47

1．行動ファイナンス研究の2つの潮流　47

2．効率的市場仮説の理論的成立要件　49

3．ノイズ・トレーダー・モデル　51

4．結び　55

第Ⅵ章　過剰反応仮説と過小反応仮説—リバーサルとモメンタム…… 58

1．過剰反応仮説　58

2．リバーサルとモメンタム　64

3．結び　69

第Ⅶ章　バリュー投資—バリュー株効果と小型株効果………………… 72

1．アノマリーの発見　73

2．株価指標— RER, PCFR, PBR, 配当利回り　77

3．バリュー対グロース　80

4．収益率格差の循環的変動と投資戦略の流行り廃り　85

5．結び　87

第Ⅷ章　GPIF の基本ポートフォリオの変更を巡って—日本株組入れ比率の目安の変更をどう見るか……………………………………… 90

1．MPT の観点から GPIF の運用比率の見直しを考える　91

2．MPT vs. 行動ファイナンスを超えて　93

3．結びに代えて—個人投資家のための合理的投資法　103

第Ⅸ章　ポスト CAPM のファクターモデル ………………………………107

1．ファクターモデルの展開　108

2．米国株市場におけるエビデンスの整理　112

3．結びに代えて—投資指標としての ROE　117

第X章　行動ファイナンスと投資家心理—基礎理論の概観と選択・評価のバイアス……………………………………………120

1．期待効用理論　121

2．プロスペクト理論—選択と評価のバイアス　129

3．フレーミング効果　146

4．プロスペクト理論の拡張とそのバリエーション　153

5．結びに代えて　156

第XI章　ヒューリスティック—認知上のバイアス………………159

1．代表性ヒューリスティック　159

2．利用可能性ヒューリスティック　168

3．アンカリング　169

4．結びに代えて—行動ファイナンスの終焉　170

第XII章　財政破綻リスクと資産運用戦略—無リスク資産の存在しない現実世界で考える………………………………………173

1．我が国の財政状況と終戦後の預金封鎖の実際　174

2．財政破綻リスクと資産運用戦略　180

3．結び　187

おわりに—行動ファイナンスという思想革命　190

参考文献　195

用語索引　209

アルファベット索引　212

人名索引　213

第 I 章
ランダム・ウォークの発見
——MPT 前史

本章では，MPT（Modern Portfolio Theory：現代ポートフォリオ理論）の前史といえる株価の予測可能性に関する先駆的研究を考察する．

MPT の基礎は Markowitz（1952）に始まり，Sharpe（1964）によって確立されたと考えることができる．MPT によれば，株価はランダム・ウォーク（ブラウン運動）するという．このランダム・ウォーク仮説の意味することは，証券の次期の価格が上がるか下がるかはわからない，つまり証券価格は予測不可能ということである．証券価格は予測不可能であるならば，第 II 章で考察するようにインデックス運用に勝る株式投資はないということになる．

本章では，MPT が誕生するよりもはるか以前に Bachelier（1900）が証券価格はランダム・ウォークすることを指摘したことを重視する．そして，ランダム・ウォーク仮説の展開を MPT の前史と位置づけ，MPT 前史から考察を始める．

1．ランダム・ウォーク仮説の誕生

株価はランダム・ウォークに従う

水面に浮かべた花粉を顕微鏡で覗くと，花粉粒子は時間とともにランダムな（不規則な）動きをしながら拡散していく．この運動は，最初に発見したロバート・ブラウンに因んで，ブラウン運動と呼ばれる．

2

この運動に理論的説明を与えたのは，アルベルト・アインシュタインである．1905 年，彼は衝突する気体分子のブラウン運動に関する研究を発表した．

アインシュタインのこの研究に 5 年先立つ 1900 年に，若きフランスの数学者ルイ・バシュリエは，ソルボンヌ大学で「投機の理論」と題する博士論文を纏めた（Bachelier 1900）．彼は当時のフランスの資本市場についての研究に基づいて，新しい理論的な分析を提起した[1]．Bernstein（1992）は，Bachelier（1900）を次のように評している．

「バシュリエは後世の数学者が確率に基づく理論を完成させるための礎石を築いたのである．彼が導出した数式は，空間内でのランダムな衝撃のもとでの分子運動という，後にアインシュタインが行うことになる研究を先取りするものであった．統計的変数のあいだでのランダム運動を分析することを確率過程と今日では呼んでいるが，この概念も彼が考案したものである．それに加えて，1900 年にも活発な市場が存在していたオプションや先物などの金融商品を分析評価する方法についても，最初の理論的な試みを彼は行っていた．彼がこうしたすべての研究を行った理由は，ひとえに資本市場での価格は予測不可能である，ということを説明したかったからであった.[2]」

MPT では，ブラウン運動はランダム・ウォークと呼ばれ，株価はランダム・ウォークに従うと考えている．Bernstein（1992）の言うように，これを最初に指摘したのは Bachelier（1900）である．

リスクは時間の長さの正の平方根に比例する

Bachelier（1900）によれば，市場価格の変動幅の大きさは，時間の長さが長くなるにしたがって大きくなる．「この変動幅は時間の長さの平方根に比例する[3]」という．

証券価格がランダム・ウォークするとき，リスクが時間の長さの正の平方根に比例するという Bachelier（1900）の指摘の意味することを，数値例を用いて

考察してみよう.

　まず，リスクとリターンおよびランダム・ウォークを定義しなければならない．t 時点の株価を P_t，$t-1$ 時点の株価を P_{t-1}，t と $t-1$ 時点間の配当を D_t とすると，株式投資収益率 R_t は次式で表される.

$$R_t = \frac{P_t - P_{t-1} + D_t}{P_{t-1}} \cdots\cdots\cdots\cdots\cdots （\mathrm{I}-1）$$

MPT においてリスクとは，期待収益率（期待リターン）の不確実性であり，実現する投資収益率が期待収益率から上下に外れる程度を表す．リスクは投資収益率の標準偏差で計測される.

　ランダム・ウォークについては，ここでは期待収益率が 0 ％，そのリスク（標準偏差）が 10 ％で，期待収益率が正規分布する株式を考える．これは株価がランダム・ウォークするケースの一例である．この場合，投資期間 1 年間のリスクは 10 ％，2 年間のリスクは 14.14 ％（≒10 ％×$\sqrt{2}$），3 年間のリスクは 17.32 ％（≒10 ％×$\sqrt{3}$），4 年間のリスクは 20 ％（＝10 ％×$\sqrt{4}$）となる．投資期間が長くなれば，期待収益率の不確実性を示すリスクが増大することがわかる．つまり，長期投資ほどリスクは大きくなるのである.

　ところで，一般に投資教育のテキスト・ブックには，長期投資は短期投資よりリスクが小さいと書かれているが，これはどういう意味であろうか．ここでいうリスクは，年率に換算したリスクである．先のケースで考えれば，投資期間 1 年間の年率換算リスクは 10 ％，2 年間の年率換算リスクは 7.07 ％（≒10 ％×$\sqrt{2}$÷2），3 年間の年率換算リスクは 5.77 ％（≒10 ％×$\sqrt{3}$÷3），4 年間の年率換算リスクは 5 ％（＝10 ％×$\sqrt{4}$÷4）となる．したがって，投資期間が長くなれば，年率換算したリスクは低下するという意味である.

2．ランダム・ウォーク仮説の実証研究

コールズによる最初のパフォーマンス研究

アルフレッド・コールズ 3 世は，1891 年にシカゴの裕福な家庭に生まれ，1913 年にイェール大学を卒業すると，『トリビューン』紙の記者として働き始めるが，急性の肺炎で倒れてしまう[4]．彼はコロラド・スプリングスで 10 年間の療養生活を送った後，シカゴの実家に戻る．1926 年頃から彼は実家の財産管理を行うようになり，株価予想業者などの投資情報サービスを利用する．

彼はこうした投資情報サービスの有用性に疑問を持つようになり，定期購読していた 24 種類の投資助言サービスの内容を，1928 年から記録し始める．29 年の大暴落，31・32 年の弱気相場のなかで，この投資助言サービスは尽く予測を外した．こうして彼は，株価の予測可能性の研究を行うようになる．

彼は，設立されたばかりの計量経済学会の会長でイェール大学教授のアーヴィング・フィッシャーや同学会主幹のチャールズ・ルースに出会い，資金援助を申し出る．こうして 1932 年 1 月にコールズ経済研究委員会が発足する．彼自身の研究成果は，同学会の学会誌『エコノメトリカ』1933 年 7 月号で発表された．この論文は，株価予想業者などの投資情報サービスの予測に基づいて株式売買を行った場合のパフォーマンスを詳細に検証している．Cowles (1933) の結論は，次のように明快である．

> 「株価予想業者の平均的なパフォーマンスは，まったくの偶然によるすべての投資パフォーマンスの平均値を年率およそ 4% 下回ると結論できるのである[5]．」

Cowles (1933) は，証券投資のプロフェショナルが市場平均を平均的には上回ることができないことを最初に検証した論文である．

ワーキングの実証研究
——相場にトレンドがあっても価格の変化はランダムである

　スタンフォード大学の統計学者ホルブルック・ワーキングは，1934年に「時系列分析に使用するためのランダム階差系列」という論文を発表した[6]．市況商品価格の時系列データを分析したその論文によると，価格のトレンドや変動ははっきりと反復するパターンを描くという．次に，ひとつの取引から次の取引への価格の変化を分析すると，価格の変化はランダムで予測不可能であるという．Working（1934）は次のように述べている．

　　「時系列は多くの点で共通に乱数の累積の系列の諸特徴を有するということが何度も指摘されてきた．時系列における一つ一つ（separate items）はその性質がけっしてランダムではないが，連続する一つ一つの間の変化はおおむねランダムになる傾向がある[7]．」

　Working（1934）は，価格の水準にトレンドがあっても，価格の変化はランダムであることを，市況商品価格の時系列データを使って検証したのである．

ケンドールの実証研究

　ロンドン・スクール・オブ・エコノミクスの統計学教授であったモーリス・ケンドールは，1953年に「経済時系列の分析」という論文を発表した[8]．これは英国株価指数や米国商品市況の大量の時系列データを分析した論文であり，大いに物議を醸すものとなった．その論文で，彼は1883年から1934年までの50年間（ただし1915年から1920年までを除く）の小麦の月次平均価格を分析して，次のように述べている．

　　「その時系列は「迷走している」ように見える．まるで偶然の悪魔が，その分散が一定となる対称的な母集団から，一つの数字を週1回ランダムに抽出して，それを今週の価格に加算し来週の価格を決めているかのようである[9]．」

　Kendall（1953）は，株価や商品価格はランダム・ウォークに従うことを実証

6

する研究といえる。ランダム・ウォークに従う価格は，ランダムの定義（不規則な，でたらめな）の示す通り，予測不可能である。

ロバーツによる株価変動シミュレーション

チャーチストあるいはテクニカル・アナリストと呼ばれる人びとは，過去の株価変動から将来の株価を予測することができると考えている。こうした株価の分析は，（株価）チャート分析あるいはテクニカル分析と呼ばれる。

シカゴ大学経営大学院の統計学者であったハリー・ロバーツは，アメリカの株価指数と個別株価の両方のデータをもとに分析を行い，Working（1934）やKendall（1953）と同様の事実を発見したという[10]。ロバーツは「株式市場の"パターン"と財務分析：方法論的示唆」と題する1959年の論文で，次のように述べている。

「相場の水準の履歴は，まるでその水準が偶然モデル（chance model）によって与えられた結果の累積によって生み出されたかのように変動する[11]。」

その上で，ロバーツはこの1959年論文でコンピュータを駆使して株価変動をシミュレートし，株価チャート分析の方法論的問題を提起した。すなわち，コンピュータを使って乱数を発生させ，週次の株価変動と同様の特性を持つ乱数の系列を作成した。その乱数の系列は，その週次の変化が相互に独立し，なおかつ正規分布に従い，週次の変化の平均が0.5，標準偏差が5.0になるかのように変動する。初期値を450に設定し，これにコンピュータで発生させた週次の株価の変化分を累積的に加えていくことによって株価の水準を得ることができる。

図Ⅰ−1はこうして作成された52週の株価の変化分であり，図Ⅰ−2は株価の水準である。Roberts（1959）も指摘しているように，図Ⅰ−2にはチャート分析では有名な三尊型天井（"head-and-shoulders" top）まで出現している。すなわち，図Ⅰ−2の29週の一番高い山を23週と35週の2つの山が挟む形が読み取れる。一般にチャート分析では三尊型天井が現れると，株価は天井を

図Ⅰ-1　シミュレートされた52週の株価の変化分

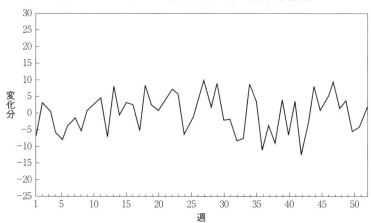

出所）Roberts（1959）p. 4, Figure 1.

図Ⅰ-2　シミュレートされた52週の株価の水準

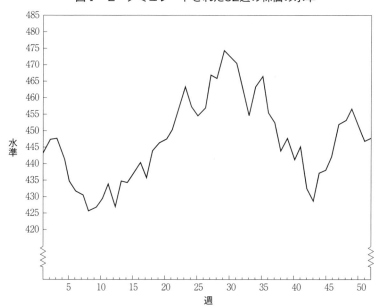

出所）Roberts（1959）p. 5, Figure 2.

図Ⅰ-3 ダウ・ジョーンズ工業株平均の変化分

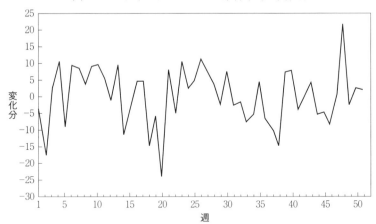

注）1956年1月6日から1956年12月28日の週末終値.
出所）Roberts (1959) p.5, Figure 3.

図Ⅰ-4 ダウ・ジョーンズ工業株平均の水準

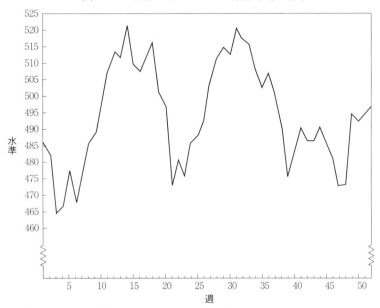

注）1955年12月30日から1956年12月28日の週末終値.
出所）Roberts (1959) p.6, Figure 4.

打って下落し始めると言われている（もちろん，実証されたわけではない）．

図 I −3 は，1956 年 1 月から 12 月末までのダウ・ジョーンズ工業株平均の
毎週の変化分であり，図 I −4 は同時期のダウ平均の水準の推移である．1955
年末の株価に毎週の変化分を累積的に加えたものが，1956 年のダウ平均の水
準の推移となる．

人工的に作られた図 I −1・図 I −2 と現実の株価指数である図 I −3・図
I −4 はあまりにも似通っている．Roberts（1959）は，シミュレーションを行
う際に乱数の系列の標準偏差を 7.0 に設定すれば，この時期のダウ平均をより
適切にシミュレートできるという.[12]

Roberts（1959）は株価の週次の変化は乱数の系列と見分けがつかないこと
を示し，アカデミックな立場から株価チャート分析の方法論的問題を提起した
のである．

正のドリフトを持つランダム・ウォーク

MPT では，株価はランダム・ウォークに従うと考えている．ここでは，
Brealey et al.（2006）に登場するコイン投げゲームを紹介し，株価変動と期待
収益率の関係を考察する．

次のようなコイン投げゲームを考える．すなわち，ゲームの資金として 100
ドルを持っている．毎週末にコインを投げて，表が出れば投資額の 3 ％を獲得
し，裏が出れば投資額の 2.5 ％を失う．このゲームを毎週繰り返す．

コインの表が出る確率は 0.5，裏が出る確率も 0.5 である．表が出るか裏が
出るかは，週の初めの持ち金やその週までの表裏の出方のパターンとは無関係
である．つまり，各ゲームはそれ以前のゲームの結果と独立している．

このようなゲームを正のドリフトを持つランダム・ウォークという．ドリフ
トとは，期待値（期待収益率）のことである．このゲームの期待値は，0.25 ％
（＝ 3 ％× 0.5 ＋（▲ 2.5 ％）× 0.5）となる．

株価が正のドリフトを持つランダム・ウォークに従うということは，その株

10

式の期待収益率はプラスであるということである．株価が正のドリフトを持つ
ランダム・ウォークに従うならば，そのグラフは平均的には右肩上りになる
が，日々の株価が上昇するか下落するかは予測不可能である．

　もちろん，すべての株価が正のドリフトを持つランダム・ウォークに従うわ
けではない．実際に個別の株式で見るならば，期待収益率がマイナスの銘柄は
多数あるだろう．

3．結び

　本章で見たように，もともとブラウン運動と呼ばれていたランダム・ウォー
クは，理論史的にも歴史的にも，最も早く証券市場において発見された．ラン
ダム・ウォーク仮説はMPTに先行して提唱され，その後，第Ⅲ章で後述する
効率的市場仮説として確立し，MPTを支える強力な理論となっていく．

　本章では，Bachelier（1900）に始まり，Cowles（1933），Working（1934），
Kendall（1953），Roberts（1959）と続く証券市場を対象にした実証研究を，証
券価格がランダム・ウォークすることを実証した研究として位置づけている．

　第Ⅵ・Ⅶ章で後述するように，近年の行動ファイナンスの実証研究やMPT
のアノマリー研究は，株価が必ずしもランダム・ウォークするとはいえないこ
とを示唆している．本書ではそうした研究を重要視するとともに，筆者も株価
は必ずしもランダム・ウォークするとはいえないと考えている．

　それでもなお，筆者がBachelier（1900）に始まる一連の研究を評価したいの
は，いわゆる株価チャート分析が科学ではない，言い換えると，オカルトのよ
うなものであることが学問の世界で実証されてきたことを強調したいためであ
る．周知のように，我が国の株式関係の本ではチャート分析の書籍が圧倒的に
多く，影響力も強いが，科学とオカルトは峻別すべきであろう．

　ここでは行動ファイナンス派が主張するように株価がランダム・ウォークし
ないとしても，株価チャート分析が有効であることの証明にはならないことを

強調しておきたい.

注)

1) Bernstein（1992）p. 18. 訳 25-26 頁．本節のバシュリエに関する記述は主に Bernstein（1992）に負う．

2) Bernstein（1992）p. 18. 訳 26 頁．なお，埋もれていたバシュリエの業績に光を当てたのは Mandelbrot（1966）である．

3) Bachelier（1900）仏語版 p. 45, 英語版 p. 45.

4) 本節のコールズに関する記述は Bernstein（1992）に負う．

5) Cowles（1933）p. 318.

6) Working（1934）．本節のワーキングに関する記述は Bernstein（1992）に負う．

7) Working（1934）p. 11.

8) Kendall（1953）．本節のケンドールに関する記述は Bernstein（1992）に負う．

9) Kendall（1953）p. 13.

10) Roberts（1959）p. 2.

11) Roberts（1959）p. 2. 傍点は原文ではイタリックを示す．

12) Roberts（1959）p. 6

第Ⅱ章
MPTとインデックス運用

　2001年10月の確定拠出年金法の施行を受けて，日本版401kと呼ばれる確定拠出年金を導入する企業が増えている．企業の一従業員が，自己責任の名の下に自己の年金資産運用を行う時代が到来している．確定拠出年金は，これまで企業が負担していた年金資産運用のリスクを従業員に転嫁するものであり，戸惑いを覚える従業員も多いだろう．

　MPT（Modern Portfolio Theory：現代ポートフォリオ理論）は，実はこうしたリスク資産運用の問題に明快な解を用意している．リスク資産と無リスク資産をどのような比率で保有するかというアセット・アロケーション（資産配分）は，各個人の選好や効用関数に依存する各個人の問題であり，一意的な解はない．しかし，リスク資産をどのように運用するか，どのような株式ポートフォリオを保有すればよいかという問題には，われわれに利用可能な明快かつ一意的な解がある．

　本章では，Markowitz (1952)，Tobin (1958)，Sharpe (1964) によるMPTの到達点を考察する．MPTの到達点とは資本資産評価モデル（CAPM）に他ならない．あるいは，インデックス運用に勝る株式投資はないということでもある．

　さらに，CAPMの拡張として位置づけられるRoss (1976) の裁定価格理論（APT）を資本資産評価モデル（CAPM）と比較・考察する．マルチ・ファクター・モデルを前提に導出されるAPTは，インデックス運用の実務に活用さ

れている.

1. 分散投資と効率的ポートフォリオ

シカゴ大学大学院生であったハリー・マルコビッツが1952年に提唱したポートフォリオ理論に始まる証券投資研究は，MPTと呼ばれる．MPTにおいてリスクとは，期待収益率（期待リターン）の不確実性であり，実現する投資収益率が期待収益率から上下に外れる程度を表す．リスクは投資収益率の標準偏差で計測される．

複数の異なる資産に投資することによって，期待収益率を下げずにリスクを低下させる手法を分散投資と呼ぶ.

たとえば，1985年から2004年までの日本郵船と東京電力の株式投資収益率と標準偏差（いずれも年率）は，次のようになる.

日本郵船：平均収益率9.69%, 標準偏差　34.60%

東京電力：平均収益率5.66%, 標準偏差　28.29%

平均収益率を今後も期待される投資収益率（期待収益率）と考えると，日本郵船と東京電力の2銘柄に等金額投資したときの期待収益率は，2銘柄の期待収益率の加重平均である7.67%（≒9.69%×0.5＋5.66%×0.5）となる．しかし，そのリスクは27.32%となり，2銘柄の標準偏差の加重平均（31.45%≒34.60%×0.5＋28.29%×0.5）より小さくなる.

2銘柄の組入れ比率を0%から100%まで10%ずつ変動させると，このポートフォリオのリスクと期待収益率は図Ⅱ－1のようになる．値動きの異なる複数の銘柄を組み合せる分散投資によって，その期待収益率は各銘柄の加重平均となるが，そのリスクを加重平均よりも低くすることができる.

図Ⅱ－2の太線は銘柄数が増加した場合のポートフォリオであるが，投資家は各銘柄の組入れ比率を変えることによって，太線上とその右の内側部分のすべてが選択可能である.

図Ⅱ-1　分散投資によるリスク低減：東京電力と日本郵船

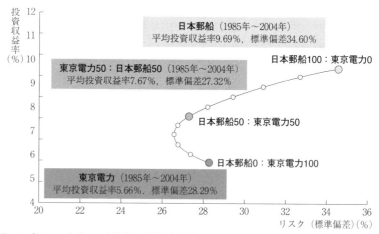

注）1985年～2004年までの実績値．平均投資収益率とリスク（標準偏差）はいずれも年率．
　　東京電力と日本郵船の投資収益率の相関係数は0.505．
出所）東京証券取引所データより野村證券投資情報部作成．

図Ⅱ-2　効率的ポートフォリオ

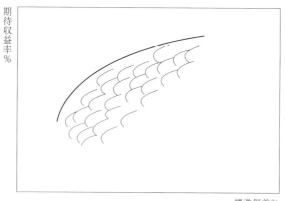

出所）Brealey et al. (2006) CD-ROM

図Ⅱ－2の太線で表わされる部分は効率的ポートフォリオあるいは効率的フロンティアと呼ばれ，Markowitz（1952）によって提唱されたものである．効率的ポートフォリオは，一定の標準偏差に対して最も高い期待収益率を提供するリスク資産（株式）のポートフォリオである．グラフから，効率的ポートフォリオの上の部分ほど期待収益率が高まり，左の部分ほどリスクが減少することがわかる[1]．

2．最適ポートフォリオと分離定理

次に，無リスク金利r_fでの貸付けと借入れを可能とすると，縦軸切片r_fから効率的ポートフォリオ曲線に対して最も傾きが大きくなるように接線を引くことができる[2]（図Ⅱ－3）．この接線は資本市場線（capital market line）と呼ばれる．投資家は，資本市場線上のすべてのリスクσと期待収益率rの組み合せを選択することができる[3]．

あまりリスクを取りたくない投資家は，自己資金の一部でポートフォリオSを保有し，一部は貸付け（無リスク資産）に配分する．反対に，大きなリスク

図Ⅱ－3 資本市場線と最適ポートフォリオ

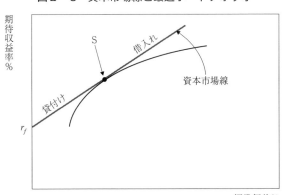

出所）Brealey et al.（2006）CD-ROM

を取って高いリターンを追求したい投資家は借入れを行い，自己資金全額と借入れ資金でポートフォリオ S を保有する．

接点 S は効率的ポートフォリオ集合の中で，標準偏差 1 単位当たりのリスク・プレミアム $(E(r_m)-r_f)/\sigma_m$ が最大となる点であり，最適ポートフォリオと呼ばれる[4]．

投資家はポートフォリオ S と借入れもしくは貸付けを組み合せることで，選択するリスクのレベルにかかわらず，最も高い期待収益率を達成することができる．これは投資家の意思決定が，リスクのレベルの選択と株式ポートフォリオ S の選択に分離されるということであり，イェール大学教授のジェームズ・トービンによって 1958 年にはじめて指摘された．

Tobin（1958）が提唱した分離定理（separation theorem）とは，ポートフォリオ選択においてリスク資産の最適ポートフォリオの決定と，リスク資産と無リスク資産の資産配分（アセット・アロケーション）の決定は，独立して行うことができるという定理である．

Tobin（1958）は，次のように指摘する．

> 「しかし，いま証明した便利な事実は，非現金資産の構成は投資残高に占める非現金資産総計の比率とは無関係であるということである．このため，あたかも単一の非現金資産，すなわち一定の比率で多数の現実の非現金資産から組成される単一の合成物が存在するかのように，投資家の決定を述べることができる[5]．」

これは後に分離定理と呼ばれ，MPT の発展を支える強力な支柱となった．というのは，リスク資産の最適ポートフォリオが存在し，その構成はアセット・アロケーションとは無関係であることが論証されたからである．各投資家が決定すべきはアセット・アロケーションだけであり，リスク資産の最適ポートフォリオは万人に共通の一意的なものになる．

恩師マルコビッツとともに 1990 年にノーベル経済学賞を受賞するウィリアム・シャープは，1964 年の論文でポートフォリオ選択と分離定理について次

のように述べている.

「この十年間に,多くの経済学者がリスクのある状態のもとでの資産選択を扱う規範モデルを展開してきた.マルコビッツはフォン・ノイマンやモルゲンシュテルンの議論を踏まえて,期待効用最大化原理に基づく分析を展開し,ポートフォリオ選択問題の一般的な解を提示した.トービンは,確実な状態のもとでマルコビッツのモデルは,投資選択の過程を2つの局面に分離できることを意味する,ということを示した.すなわち,第一にリスク資産の唯一の最適な組み合せの選択と,第二にその組み合せと単一の無リスク資産との間の資金の配分である.[6]」

分離定理は,一見すると個別の証券分析やウォール街の投資顧問業の役割を否定するかのようなものであり,強力な理論的革新であった.しかし,Markowitz(1952)の提唱した効率的ポートフォリオの導出を実務的に可能にするものではなく,当時の実務界からは事実上無視されることになった.分離定理が実務界にその影響力を発揮するためには,CAPM の登場を俟たねばならない.

---

3. CAPM

1960 年代半ばに,ウィリアム・シャープ(Sharpe 1964),ハーバード大学教授のジョン・リントナー(Lintner 1965),実務家のジャック・トレイナー(Treynor 未公刊)およびノルウェー人の経済学者であるヤン・モッシン(Mossin 1966)は,それぞれ独立に資本資産評価モデル(Capital Asset Pricing Model, 以下 CAPM と記す.「キャップエム」と読む)と呼ばれる理論を提示した.これは,個別銘柄の期待収益率が株式等のリスク資産から構成される市場ポートフォリオの期待収益率とどのような関係にあるのかを解明するものである.

証券市場が効率的であるという仮定の下で,[7] CAPM は次式で示される.この式は,株式 i の期待リスク・プレミアムは市場リスク・プレミアムに依存

し，ベータ値 β_i に比例するということ示している．

$$E(r_i)-r_f=\beta_i\left(E(r_m)-r_f\right)\cdots\cdots\cdots\cdots（\text{II}-1）$$

$E(r_i)$：株式 i の期待収益率，r_f：無リスク金利，

$E(r_i)-r_f$：株式 i の期待リスク・プレミアム，β_i：株式 i のベータ値，

$E(r_m)$：市場ポートフォリオの期待収益率，$E(r_m)-r_f$：市場リスク・プレミアム

無リスク金利 r_f とは，リスクのない安全資産の利子率である．

市場ポートフォリオとは，市場にあるすべてのリスク資産をその時価ウェイトで組み合せたポートフォリオであるが[8]，一般に市場ポートフォリオの期待収益率 $E(r_m)$ は，株式市場全体の期待収益率で代用される．

株式投資のリスクのうち，ポートフォリオを組むことによって減らすことのできるリスクをユニーク・リスクといい，減らすことのできないリスクを市場リスク（あるいはシステマティック・リスク）という．市場リスク・プレミアム $E(r_m)-r_f$ とは，ポートフォリオを組むことによって減らすことのできないリスクを取ることに対する報酬である．

株式 i のベータ値 β_i とは，市場ポートフォリオの期待収益率が1％変化したときに，株式 i の期待収益率が何％変化するかを示す値である．β_i がマイナスの場合は，株式 i の期待収益率は，市場ポートフォリオの期待収益率とは反対方向に変化することを示す．β_i の絶対値は大きいほど，株式 i の期待収益率の変動が激しく，リスクが大きいことを示す[9]．

（II－1）式に示される CAPM のメッセージは，競争的で効率的な証券市場において，すべての投資家は市場ポートフォリオを保有し，株式 i の期待リスク・プレミアム $E(r_i)-r_f$ は，その株式 i のベータ値 β_i に比例するということである．CAPM は「リスクのある状態のもとでの資産価格の市場均衡理論[10]」に他ならない．

横軸に β，縦軸に期待収益率をとるグラフ上で（**図II－4**），縦軸切片 r_f と

図Ⅱ-4　証券市場線と市場ポートフォリオ①

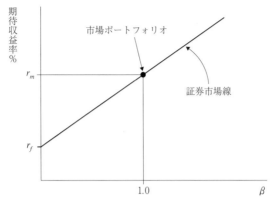

出所）Brealey et al.（2006）CD-ROM.

図Ⅱ-5　証券市場線と市場ポートフォリオ②

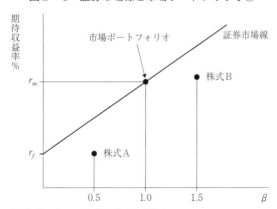

出所）Brealey et al.（2006）CD-ROM.

市場ポートフォリオを結ぶ正の傾きを持つ直線を証券市場線（security market line）と呼ぶ．競争的で効率的な証券市場においては，すべての投資は証券市場線上にプロットされる．

　なぜか．合理的な投資家は β が 0.5 の投資を望む場合，株式 A を買わずに資金の半分を貸し付け，残金を市場ポートフォリオに投資することによって，証券市場線上のより高い期待収益率を獲得できるためである（**図Ⅱ-5**）．同

20

様に β が1.5の投資を望む場合，株式Bを買わずに自己資金の50％を借入れ，自己資金とともに市場ポートフォリオに投資することによって，証券市場線上のより高い期待収益率を獲得することができる[11]．

　CAPMの描く均衡状態では，すべての銘柄はそのリスクに見合うように価格形成されている．合理的な投資家はすべての銘柄を保有しようとし，それは最適ポートフォリオになる．このため市場ポートフォリオは最適ポートフォリオに他ならない[12]．

　CAPMは，銘柄間の組み合せ一つひとつについてしなければならなかった期待収益率の共分散の計算を不要にした．CAPMでは，個別銘柄の期待収益率と市場ポートフォリオの期待収益率との関係を計算するだけである．このためCAPMの登場によって，Markowitz（1952）に始まるアカデミックな証券投資研究が，その後の実務界に巨大な影響力を発揮することになる．

4．裁定価格理論

　ステファン・ロスは「資本資産価格形成の裁定理論」と題する1976年の論文で，シャープ＝リントナー＝モッシン型のCAPMについて，次のように述べている．

　　「(1)式の線形関係は，市場ポートフォリオの平均・分散の効率性から現れ
　　る．しかし，理論的に収益率の正規性（あるいはウィーナーの拡散モデル
　　の局所的正規性）の仮定や，あるいはそうした効率性を保証する2次選好
　　関数の仮定のいずれも正当化することは困難である．また，理論の仮定だ
　　けでなくその結論も，実証的に激しく批判されてきた[13]．」

こうした認識のもと，ロスは裁定価格理論（Arbitrage Pricing Theory, 以下APTと記す）と呼ばれるモデルを提起した．これはリチャード・ロールが1977年に指摘するCAPMの実証研究上の問題点を回避すると同時に，CAPMの単純さと明瞭性を保持する理論であった[14]．

APT では，個々の証券の収益率は，一部はファクターと呼ばれるすべての証券の収益率に影響を及ぼすマクロ経済的要因に依存し，一部はノイズと呼ばれるその証券に固有の出来事に依存していると仮定する．つまり，証券 i の収益率 r_i は，次の関係式に従うと仮定する．

$$r_i = a_i + b_{i1}F_1 + b_{i2}F_2 + \cdots\cdots + b_{iK}F_K + e_i \cdots\cdots\cdots\cdots (\text{II}-2)$$

ここで F_k はすべての証券の収益率に影響を及ぼす共通のファクターの値であり（$k=1, 2, \cdots, K$），b_{ik} はファクター F_k の変化に対する証券 i の感応度（responsiveness）あるいは反応度（sensitivity）を示す．e_i は証券 i の収益率の中で共通のファクターとは無関係な証券 i に固有の変動要因を示すアンシステマティック・リスクの誤差項であり，その平均はゼロになる．

　個々の証券にとって，リスクは2つに大別される．ひとつは分散化によって取り除くことのできないリスクであり，マクロ経済全般の共通のファクターから生じるリスクである．もうひとつは，その証券に固有の出来事から生じる個別リスクであり，これは分散化によって取り除くことが可能である．このため十分に分散されたポートフォリオの期待リスク・プレミアムはファクターに依存するが，個別リスクには依存しないのである．

　ところで，裁定取引とは，価格差を利用した鞘取り行為のことである．すなわち，異なる市場で同一の証券，あるいは本質的に類似した代替証券の購入と売却を同時に行うことである．割安な証券を購入し，割高な証券を売却することによって利益を上げる行為である．

　割高な証券を売却して，割安な証券を購入する純投資額がゼロのポートフォリオを，Ross（1976）は裁定ポートフォリオ（arbitrage portfolio）と呼ぶ．投資家の裁定ポートフォリオによって裁定が行われる結果，無リスクの裁定機会がないように証券が価格付けされる．このとき，無裁定条件が満たされているという．APT では，無裁定条件が満たされるとき，証券の期待リスク・プレミアムは，個々のファクターに関連する期待リスク・プレミアムと，個々のファ

22

クターに対する感応度に依存している. この関係は次式で表される[15].

$$E(r_i)-r_f=\left(E(r^1)-r_f\right)b_{i1}+\left(E(r^2)-r_f\right)b_{i2}+\cdots\cdots+\left(E(r^k)-r_f\right)b_{ik}\cdots\cdots\cdots(\text{II}-3)$$

　APT の特徴は, CAPM と比較すると次のように纏める（まと）ことができる.

　第一に, CAPM はシングル・ファクター・モデルを前提に導出されるが, APT は証券収益と複数のファクターとの間に, ある関係が存在すると仮定するマルチ・ファクター・モデルを前提に導出される.

　第二に, APT は無裁定条件が満たされる均衡状態において, 証券収益率と複数のファクターとの間に線形関係が存在すると想定する均衡モデルである.

　第三に, CAPM において中心的な役割を果たした市場ポートフォリオは, APT には必ずしも登場しない.

　第四に, CAPM とは異なり, APT では市場ポートフォリオが平均・分散効率的であることは要求されない[16]. 言い換えると, 投資家の効用関数にリスク回避的という仮定を付ける必要はない.

　第五に, APT は CAPM を特殊ケースとして包括しうる, より一般的な理論といえる. 市場ポートフォリオを唯一のファクターとする APT モデルは, CAPM に他ならないからである.

　第六に, 期待収益率に影響を与えるファクターが何であるかについて, APT は何も語らない. ファクターの特定は, 実証研究に委ねられている.

　以上のように, APT はファクターの多様化という方向で CAPM を拡張したものであり, この意味では MPT の拡張あるいは発展と位置づけることができる.

5. インデックス運用の実際と ETF

　Markowitz (1952), Tobin (1958), Sharpe (1964) による MPT の到達点は, 次のよう要約できる. すなわち, 最適ポートフォリオは市場ポートフォリオに

他ならない．したがって，最も優れた株式投資法は株式市場の忠実な縮小コピーを保有すること，すなわち各銘柄の時価総額で加重して分散投資を行うインデックス運用となる．

こうしたMPTの発展を受けて，米国では1971年7月にインデックス・ファンドが最初に開発され，80年代には本格的に普及する．日本においても，80年代後半から年金資金の運用にインデックス・ファンドが登場する．

しかし，最適ポートフォリオとして株式市場の忠実な縮小コピーをつくることは，「言うは易く行うは難し」である．株式市場には激しく動く株もあれば，全体とは正反対に動く株もある．流動性の乏しい小型株もあれば，増資を行う株もある．こうした株式に各銘柄の時価総額で加重する方式で分散投資を行い，インデックス・ファンドを組成しても，日々の株価の変動により絶えず再加重しなければならず，巨額の取引費用が発生してしまう．

たとえば，TOPIXは東証1部上場銘柄の株価を時価総額で加重平均した株価指数であるが，TOPIXの構成銘柄数だけで1500を超える．このため実務の現場では，TOPIX連動のインデックス運用を行う場合，全銘柄を時価総額加重で組み入れることはせずに，200〜300銘柄を適当に組み合せることでポートフォリオを組成している[18]．この200〜300銘柄を選択する際に利用されるのが，CAPMの拡張版といえるマルチ・ファクター・モデルである．

一部の銘柄だけでポートフォリオを組成するため，その運用成績がベンチマークである平均株価指数と乖離する可能性が生じる．この乖離はトラッキングエラーと呼ばれる．

トラッキングエラーは，市場平均を超える超過収益を狙うアクティブ運用だけでなく，インデックス運用の場合にも生じる可能性がある．インデックス運用の場合でも，運用の巧拙によってトラッキングエラーを最小化したり，プラスにしたりする可能性が生じるのである．

現在の日本では，ETF（Exchange Traded Funds：株価指数連動型投資信託受益証券）と呼ばれる特定の株価指数に連動することを目的に運用される投資信託

24

を利用することができる．ETFは，通常の株式と同様に証券取引所において
売買できる．

　もちろん，米国の証券取引所にはさまざまなETFが上場されている．たと
えば，SPDRs（Standard & Poor's Depositary Receipts：スパイダーズ）と呼ばれる
S&P500株価指数に連動するETFは，機関投資家や個人投資家等に幅広く利
用されている．

---

6. 結び

　本章では，Markowitz（1952），Tobin（1958），Sharpe（1964）によるMPT
の到達点を考察し，さらにCAPMの拡張として位置づけられるRoss（1976）
のAPTをCAPMと比較・考察した．マルチ・ファクター・モデルを前提に
導出されるAPTは，インデックス運用の実務において活用されている．

　MPTはリスク資産運用の問題に明快な解を用意している．すなわち，リス
ク資産をどのように運用するか，どのような株式ポートフォリオを保有すれば
よいかという問題に対して，われわれに利用可能な明快かつ一意的な解を用意
している．それはインデックス運用に勝る株式投資はないということである．
すなわち，もっとも優れた株式投資法は株式市場の忠実な縮小コピーを保有す
ること，すなわち各銘柄の時価総額で加重して分散投資を行うインデックス運
用となる．

　ここでいうインデックス運用とは，たとえばTOPIX連動型のインデック
ス・ファンドやETFを指すわけではない．株式市場とは単一の国の株式市場
ではなく，世界の株式市場であり，市場ポートフォリオとはグローバル市場ポー
トフォリオを指す．したがって，MPTによれば，世界中の株式市場の各銘
柄を，その時価総額で加重して分散投資を行うインデックス運用こそ最も優れ
た株式投資法ということになる．

　資本主義は膨張と収縮を繰り返しながら自己増殖するシステムであるので，

長期的には株式時価総額は増大する．これが MPT の世界観である．言い換えると，これは市場ポートフォリオの期待収益率はプラスであるということである．もしポートフォリオの期待収益率がマイナスであるならば，ポートフォリオは複利の効果で加速度的に減価してしまう．

衰退していく産業の株式のみからなるポートフォリオや，衰退する国家の株式ポートフォリオは長期的に富を生み出さないかもしれない．実際に個別の株式で見るならば，期待収益率がマイナスの銘柄は多数あるだろう．

ところで，近年の行動ファイナンス研究は，市場ポートフォリオは必ずしも最適ポートフォリオではないことを示唆している．すなわち，証券市場が効率的市場仮説の想定とは異なり効率的ではないならば，市場ポートフォリオは効率的ポートフォリオではない．言い換えると，市場ポートフォリオは Markowitz（1952）の言う効率的フロンティアの内側にあるということである．

市場ポートフォリオが効率的フロンティアの内側にあるならば，第Ⅶ章で後述するバリュー株効果や小型株効果あるいは一月効果などを利用することによって，市場ポートフォリオを改良して効率的フロンティアに近づける余地があるということになる．MPT の提示する一意的な解である市場ポートフォリオを「たたき台」として，バリュー株効果や小型株効果あるいは一月効果といった行動ファイナンス研究の知見を利用することができるだろう．それによって，インデックス運用を上回る投資パフォーマンスを上げることができるのではないだろうか．

これは，行動ファイナンス自体からは効率的ポートフォリオは出てこないということでもある．行動ファイナンス研究は人間の認知上のバイアスや証券市場のアノマリーを考察するものだが，証券投資論として MPT のように体系化されているわけではないし，今後もそうはならないであろう．行動ファイナンスは MPT の提示する一意的な解を規範とし，規範からの逸脱がどのようにして起こるのかを考察するものだからである．

なお，Ross（1976）の行ったファクターの多様化という CAPM の拡張は，

インデックス運用の実務において重要であるだけでなく，後にMPTのアノマリー研究や行動ファイナンス派の実証研究に対するMPTからの痛烈な反撃となったFama and French（1992）の研究に道を開くことになる．これについては第Ⅷ章で後述するが，Ross（1976）の研究を再評価するためにもここで触れておきたい．

Fama and French（1992）はCAPMの市場ベータでは説明できないアノマリー（バリュー投資の異常収益）を，市場ベータ以外のリスクによって説明することによって，効率的市場仮説の立場からアノマリーを実証した画期的研究である．筆者はこの見解に反する立場をとるが，ファーマ゠フレンチの1992年論文の登場によって，実証研究によって効率的市場仮説を反証することはもはやできなくなってしまったと考えている．行動ファイナンス派と効率的市場派はCAPMでは説明できないアノマリーを巡って論争しているが，両派の論争は実証研究によって決着のつく問題ではなくなってしまったのである．

注）

1) Markowitz（1952）は，フォン・ノイマンとオスカー・モルゲンシュテルンによって確立された期待効用理論に立脚している（Sharpe 1964: 426）．
2) 後述するTobin（1958）の分離定理を援用して，マルコビッツのポートフォリオ理論に無リスク金利での貸付けと借入れを導入したのは，Sharpe（1963: 285-287）である．
3) 因みに，ポートフォリオの期待収益率$E(r_m)$から無リスク金利r_fを差し引き，これをポートフォリオの期待収益率の標準偏差σ_mで割ったもの（$(E(r_m)-r_f)/\sigma_m$）を，シャープ・レシオと呼ぶ．シャープ・レシオはポートフォリオ全体のリスク調整後の期待収益率を示し，この値が大きいほど，その効率が良いとされる．シャープ・レシオは資本市場線の傾きで表される（図Ⅱ-3）．
4) シャープ・レシオは資本市場線の傾きで表されるので，図Ⅱ-3から最適ポートフォリオSは効率的ポートフォリオ集合において最もシャープ・レシオの高いポートフォリオであることがわかる．
5) Tobin（1958）p. 84.
6) Sharpe（1964）pp. 426-427. 傍点は原文ではイタリックを示す．
7) 厳密には，CAPMは次のような仮定を想定している．
①投資期間は1期間である．

②　資本資産市場における各投資家はリスク回避的な効用関数を持ち，このため十分な分散投資を行う．

③　各投資家は各資産の期待収益率，分散，および各資産間の共分散に基づいて投資を行う．

④　各投資家は各資産の期待収益率について同一の分布を期待する．

⑤　取引費用は存在しない．

⑥　各投資家は安全資産の利子率で，資金を貸借できる．

8) 理論的には，市場ポートフォリオには，株式，債券，商品，不動産，さらには人的資本などが含まれるべきである（Brealey et al. 2006: 194）．後述するように，証券市場が効率的であるならば，市場ポートフォリオは最適ポートフォリオである．

9) β_i は株式 i と市場ポートフォリオの期待収益率の共分散 $\mathrm{Cov}(r_m, r_i)$ を，市場ポートフォリオの期待収益率の分散 $\mathrm{Var}(r_m)$ で割ったものである．

10) Sharpe（1964）p. 427. 傍点は原文ではイタリックを示す．

11) Brealey et al.（2006）pp. 191-192.

12) Bernstein（1992）p. 192.

13) Ross（1976）pp. 341-342. なお，(1)式とは，本章で前出の（Ⅱ-1）式と同義の CAPM の式である．

14) 榊原他（1998）202 頁．なお，Roll（1977）の指摘した CAPM の実証研究上の問題点とは次の点である．すなわち，「CAPM の検証に関して注意すべきことは，CAPM の検証が実は，市場ポートフォリオ（中略）が効率的ポートフォリオであるという仮説とリスク・リターン関係の線形性仮説の同時検証だということである．」榊原他（1998）20 頁．

15) APT モデルに関する本章の記述は，Ross（1976），Brealey et al.（2006）: Ch 8，榊原他（1998）4 章，釜江編・植田宏文稿（1998）6 章，Bodie et al.（2007）: Ch 10 等に負う．

16) 榊原他（1998）208 頁．

17) Bernstein（1992）p. 247. 最初のインデックス・ファンドの開発経緯については，Bernstein（1992）: Ch 12 が詳しい．

18) 浅野（1996）117-118 頁．

第Ⅲ章
効率的市場仮説を巡って

　第Ⅰ章では，MPT の前史といえる株価の予測可能性に関する先駆的研究を考察した．すなわち，ブラウン運動とも呼ばれるランダム・ウォークは，もっとも早く証券市場において発見された．Bachelier（1900）に始まり，Cowles（1933），Working（1934），Kendall（1953），Roberts（1959）と続く証券市場を対象にした実証研究は，証券価格がランダム・ウォークすることを実証したものだが，こうしたランダム・ウォーク仮説は MPT に先行して提唱された．

　ランダム・ウォーク仮説が伝統的な経済学者たちに受け容れられるようになるためには，本章で考察するポール・サムエルソンのような発想の転換が必要であった．サムエルソンによって提案されたランダム・ウォーク仮説は，ユージン・ファーマによって効率的市場仮説（EMH：efficient market hypothesis）として確立される．これはインデックス運用の優位性を理論的・実証的に支える仮説となる．第Ⅵ・Ⅶ章で後述するように，その後，効率的市場仮説は MPT のアノマリー（効率的市場仮説では説明できない変則的事象）研究や行動ファイナンス派の研究によって激しい攻撃を受けることになるが，ファーマ = フレンチの 1992 年論文によって復活した感がある．

　本章では，ファーマの 1970 年論文を中心に考察することによって，効率的市場仮説の検証の意味することを考える．

1. 効率的市場仮説とは

サムエルソンの発想の転換

株価や市況商品価格はランダム・ウォークに従うというコールズ，ウォーキング，ケンドールの実証研究は，当初は経済学者たちには受け容れがたいことであった．価格は需要と供給によって均衡価格に落ち着くと考える経済学者たちは，証券価格もまた需要と供給によって均衡価格に向かうため，ランダム・ウォークするはずがないと考えたためである[1]．

伝統的な経済学者たちは，当初は証券価格はランダム・ウォークするはずがないと考えていた．すなわち，証券の需給が不均衡な状態から，証券価格は証券の需要と供給を均等させる均衡価格に向かうと考えたため，その過程がランダム・ウォークであるはずがないということである．

ランダム・ウォーク仮説のメッセージは，端的に言えば証券価格は予測不可能ということである．Bernstein（1992）に言わせれば，このようなことを言う者は，伝統的な経済学者や統計学者にとって「敵対的な不可知論者（enemy agnostic）[2]」と見なされたのである．需要と供給による価格メカニズムを研究する伝統的な経済学者たちには，このような不可知論は受け容れがたい．

こうした状況を打破したのは，サムエルソンの発想の転換である．Bernstein（1992）のインタビューにおいて，サムエルソンは次のように述べている．

> 「発想の転換が必要だ（Work the other side of the street!）．過去の価格や現在の価格から将来の価格を予測できないことは，経済法則の不全ではなく，競争が最善に行われた後の経済法則の勝利である[3]．」

このように，サムエルソンの発想の転換によって効率的市場仮説のアイディアが生み出されたのである．これは後にファーマによって効率的市場仮説として確立されることになる．

効率的市場仮説とは

　端的にいえば，効率的市場仮説は次のような理論である．すなわち，効率的な証券市場では裁定機会は瞬時に利用し尽くされるので，証券に関するあらゆる情報は瞬時にその証券価格に反映される．したがって，証券価格が変動するのは新たな情報が発生したときのみであり，新たな情報がランダムに発生するならば，証券価格はランダム・ウォークに従うという仮説である．言い換えると，株価変動がランダム・ウォークに従うのは，株式市場が効率的であるからだということになる．

　なお，ここで効率的あるいは効率性というのは，市場参加者が証券価格に関する情報をすべて利用しているということであり，生産における資源配分の効率性などを意味するわけではない．

　Bernstein（1992）によれば，効率的市場や（証券）市場の効率性という用語は，シカゴ大学のユージン・ファーマの造語である．Fama（1970）は，効率的市場仮説を次の3つのレベルに分けて考察した．

　第一のレベルは，現在の証券価格は過去の価格に含まれている情報を反映しているので，過去の株価変動からは将来の株価を予測できないとするもので，ウィーク・フォームの効率性と呼ばれる．

　現実の株式市場において，ウィーク・フォームの効率性が満たされるならば，過去の株価変動から将来の株価を予測する株価チャート分析の有効性は否定される．

　第二のレベルは，現在の証券価格は過去の価格に含まれている情報だけでなく，すべての公開情報を反映しているので，過去の株価変動や公開情報からは将来の株価を予測できないとするもので，セミストロング・フォームの効率性と呼ばれる．ここで公開情報とは，たとえば株式分割の公表，決算発表，証券の新規公募など，明らかに公開された入手可能な情報を指す．

　第三のレベルは，現在の証券価格は過去の価格に含まれている情報やすべての公開情報だけでなく，証券アナリストなどが分析を行うことによって得られ

る情報をも反映しているので，過去の株価変動や公開情報のみならず未公開情報からも将来の株価を予測することはできないとするもので，ストロング・フォームの効率性と呼ばれる．

　現実の株式市場において，ストロング・フォームの効率性が満たされるならば，証券投資のプロフェショナルが企業分析や財務諸表分析を行い，その企業価値を評価して株価の割安・割高を判断し，証券売買を行うファンダメンタル投資の有効性は否定されることになる．

2．効率的市場仮説の検証

効率的市場仮説の検証

　上記の3つのレベルで現在の証券価格は情報を反映しているという命題はあまりにも抽象的なので，効率的市場仮説は経験的に検証することができない．このため，上記の3つのレベルの情報に基づく証券売買によって市場全体の投資収益率を上回ることができないならば，それぞれのレベルで効率的市場仮説が成り立つと考えることができる．

　このような考え方で，Fama（1970）は効率的市場仮説を検証し，次の結論を得た．

　　「検証をウィーク・フォーム，セミストロング・フォームおよびストロング・フォームに分けることは，効率的市場仮説が機能しなくなる情報のレベルを特定することに資するだろう．そして，われわれは，ウィーク・フォームとセミストロング・フォームの検証においては，効率的市場仮説に反する重要な証拠はまったくなく（すなわち，価格は明らかに公開された入手可能な情報に効率的に調整されるように思われる），ストロング・フォームの検証においても，仮説に反する証拠は例外的なものにすぎない（すなわち，価格に影響しうる情報への独占的なアクセスは，投資の世界では一般的な現象ではないように思われる）と言明できる[4]．」

Fama（1970）は，検証の結果，ウィーク・フォームとセミストロング・フォームの効率的市場仮説を明確に支持し，ストロング・フォームのそれもほぼ支持できるとの結論を得たのである．

　ファーマによって確立された効率的市場仮説は，1970年代にはこれを支持する夥しい実証研究を生み出した．1970年代は効率的市場仮説の全盛期といってよい．1970年代後半には，第Ⅶ章で後述するBasu（1977）を嚆矢とするMPTのアノマリー研究が登場し，1980年代半ばには第Ⅵ章で後述するDe Bont and Thaler（1985）の過剰反応仮説など，行動ファイナンス派による効率的市場仮説批判が始まる．しかし，Fama（1990）が論評しているように，1980年代においても効率的市場仮説は依然として有力であった．

効率的市場仮説の検証の意味すること

　図Ⅲ−1は，1962年から1992年までの米国の1493のミューチュアル・ファンド（mutual fund）と市場インデックスの年平均収益率である．Brealey et al.（2006）はCarhart（1997）の研究を引用して，ミューチュアル・ファンドがほぼ半分の年において市場インデックスを下回る実績であったことを指摘している[5]．

　また，アメリカの資産運用業界において指導者的な存在であるチャールズ・エリスは，過去50年間で米国の全投資信託のうち，4分の3近くが市場平均を下回ったことを指摘している[6]．Ellis（2002）は，機関投資家が市場の9割を占めるようになった今日，機関投資家が市場平均に勝てないのは当然であるとし，次のように指摘する．

　　「機関投資家の大多数が市場より良い成果をあげられる，という基本的な前提は正しくない．なぜなら機関投資家そのものが市場なのだから，機関投資家全体としては，自分自身に打ち勝つことはできない．その上，顧問料や売買手数料，その他のコストも支払わなければならず，長い目で見て運用機関全体の75%の成績は市場水準を下回るだろう[7]．」

図Ⅲ-1 米国ミューチュアル・ファンドと市場インデックスの年平均収益率

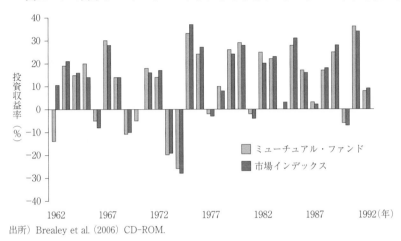

出所）Brealey et al.（2006）CD-ROM.

　機関投資家の市場シェアが巨大となった今日，機関投資家の4分の3が市場平均を下回る運用成績しか上げられないというのはけっして不思議な話ではない．市場参加者のパフォーマンスを加重平均すれば，原理的に市場平均のそれになるからである．市場インデックスとは，すべての市場参加者の平均に他ならない．

　このように考えれば，かつてCowles（1933）が実証したように，証券投資のプロフェショナルが市場インデックスを平均的には上回ることができず，したがって，ストロング・フォームの効率的市場仮説が実証されることは当然の帰結かもしれない．

　このことは，ストロング・フォームの情報に基づく証券売買によって市場全体の投資収益率を上回ることができないことが証明されたとしても，市場は必ずしも効率的とはいえないことを示唆している．

3．結び

　証券価格がランダム・ウォークするのは証券の需給の結果であるが，効率的市場仮説は証券市場が常に均衡していると考える．言い換えると，証券市場は効率的なので裁定機会は瞬時に利用し尽くされ，証券に関するあらゆる情報は証券価格に反映されていると考える．したがって，証券価格が変動するのは新たな情報が発生したときのみであり，新たな情報はランダムに発生するので，証券価格はランダム・ウォークに従うことになる．

　このように証券市場は常に均衡しており，不均衡は瞬時に調整されると考えるのは，伝統的な経済学者の従来の考え方とは異なるものであった．ランダム・ウォーク仮説のメッセージは証券価格は予測不可能ということであり，これは伝統的な経済学者たちには受け容れがたい不可知論であった．

　こうした状況を打破したのは，サムエルソンの発想の転換である．証券価格が予測不可能であることは「経済法則の不全ではなく，競争が最善に行われた後の経済法則の勝利である[8]」と考えたのである．このアイディアが後にファーマによって効率的市場仮説として確立される．1970 年代には効率的市場仮説はその全盛期を迎え，現在においても，行動ファイナンス派からの激しい攻撃を受けながらも，米国のファイナンス研究において主要な地位を占めている．

　筆者には，効率的市場仮説は米国のファイナンス研究者の市場に対する信仰のようにも思われる．効率的市場仮説において，株価は投資家の見解であり「市場の声」である．効率的市場仮説の想定するように市場が効率的であるならば，「市場の声」は正しいということになるし，非効率的であるならば「市場の声」は歪められていることになる．

　第 X・XI 章で後述するように，行動ファイナンス派は投資家行動の非合理性あるいは限定合理性によって市場が非効率的であると主張する．また，主流派経済学のマーケット・マイクロストラクチャーと呼ばれる研究は，証券市場の制度的要因によって市場の非効率性を説明する．彼らの主張するように市場が

図Ⅲ-2 効率的フロンティアの内側の市場インデックス

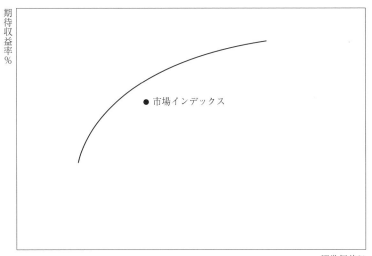

出所）Haugen (1999) p.18, Figure 2.2A を基に筆者作成．

非効率的であるならば，「市場の声」は歪められていることに留意しなければならない．

ところで，**図Ⅲ-2**の曲線で表わされる部分は効率的ポートフォリオあるいは効率的フロンティアと呼ばれ，Markowitz (1952) によって提唱されたものであることは第Ⅱ章で前述したところである．効率的ポートフォリオとは，一定の標準偏差に対して最も高い期待収益率を提供するリスク資産（株式）のポートフォリオである．

現実の株式市場がCAPMや効率的市場仮説の想定する世界とは異なり効率的でないならば，市場インデックスは効率的ポートフォリオの内側に位置することになる（**図Ⅲ-2**）．言い換えると，現実の株式市場が効率的でないならば，市場インデックスは効率的ポートフォリオではないのである．これはインデックス運用の陥穽といえるだろう．このとき，PER，PCFR，PBR，配当利回り等のバリュー系株価指標などを駆使してポートフォリオを組むことによっ

て，市場インデックスを上回るパフォーマンスを上げる可能性が存在する．これについては，第Ⅶ章で考察する．

注）
1) この点は Bernstein（1992）: Ch 6 の指摘するところである．また，Kendall（1953）の末尾には，「ケンドール教授の論文に関する議論」として，ケンドールの報告に対する反論やケンドールによる再反論が収録されているが，ここからもランダム・ウォーク仮説と伝統的な経済学者の需給論が当初は相容れなかったことが伺える．
2) Bernstein（1992）p. 117.
3) Bernstein（1992）p. 117.
4) Fama（1970）p. 388. 括弧内も原文．
5) Brealey et al.（2006）pp. 340-341.
6) Ellis（2002）訳 132 頁．
7) Ellis（2002）訳 15 頁．
8) Bernstein（1992）p. 117. これはバーンスタインのインタビューに答えるサムエルソンの言葉である．

第IV章

WACC と ROIC
——企業価値との関連を中心に

　第II章では MPT の到達点として CAPM を考察したが，本章では企業価値との関連を中心に，WACC（ワック）と呼ばれる加重平均資本コスト（weighted average cost of capital）と，ROIC（ロイック）と呼ばれる投下資本利益率（return on invested capital）について考察する．

　本章では，まず企業の資本コストについて説明し，DCF 法による企業価値評価を考察する．そして，WACC と企業価値評価の応用問題として，公募増資と企業価値について NPV を用いて考察する．次に，ROIC と企業価値の創造について考察する．最後に，EVA スプレッドと株価の関係を考察することによって，WACC, ROIC, NPV, EVA と効率的市場仮説との関係を確認する．

1．WACC と企業価値評価

資本コスト

　資本コストとは，資本市場で要求される最低限の期待収益率であり，資本提供者が要求する必要収益率といえる．これは経済学の機会費用の考え方に基づき，リスクを反映した概念である．

　資本提供者は，その負担するリスクの相違によって債権者と株主に大別される．同様に，企業の資本は他人資本と自己資本に大別される．このため資本コ

ストは，債権者の必要収益率と株主の必要収益率から構成され，前者は負債コスト，後者は株主資本コストと呼ばれる．具体的には，負債コストは社債や銀行借入れなど負債の利子率であり，株主資本コストは株式の期待収益率である．

　企業の資本コストは，負債コストと株主資本コストの加重平均であり，WACC と呼ばれる．WACC は次式で定義される．

$$WACC = \frac{D}{D+E} r_D(1-T) + \frac{E}{D+E} r_E \cdots\cdots\cdots\cdots （\text{IV}-1）$$

D：負債の価値，E：株主資本の価値，r_D：負債コスト，r_E：株主資本コスト，T：法人税率

負債コスト r_D に $(1-T)$ を掛けるのは，利子費用が損金として処理されるので，その分だけ法人税の負担が軽くなるからである．

　なお，複数の事業を営む企業において，リスクは事業ごとに異なるため，理論的には WACC は事業ごとに推計されるべきである．

資本資産評価モデルと株主資本コストの推計

　株主資本コストの推計方法として，第Ⅱ章で前述した証券市場に関するいくつかの仮定の下で，CAPM を用いることが一般的である．CAPM は次式で示される．

$$E(r_i) - r_f = \beta_i \big(E(r_m) - r_f \big) \cdots\cdots\cdots\cdots （\text{IV}-2）$$

$E(r_i)$：株式 i の期待収益率（株主資本コスト），r_f：リスクフリー・レート，
β_i：株式 i のベータ値，$E(r_m)$：市場ポートフォリオの期待収益率，
$E(r_m) - r_f$：市場リスク・プレミアム

（Ⅳ-2）式から，β 値と株主資本コストの関係について確認すると，次のよう

になる．すなわち，β 値が大きいほど，株主資本コストも大きくなる．したがって，負債コストと株主資本コストとの加重平均である WACC もまた，β 値が大きいほど大きくなる．

なお，CAPM を用いて株主資本コストを求めることは，現在ではナイーブ過ぎるかもしれない．Fama and French（1992）は，β，企業サイズ（株式時価総額），レバレッジ，簿価／時価比率（株価純資産倍率の逆数），収益／株価比率（株価収益率の逆数）を用いたファクター・モデルによって，株式の期待収益率のクロス・セクション分析を行っている．それによると，1963 年から 90 年の米国株式市場の分析において，「企業サイズとは無関係な β の変動を考慮すると，β と平均収益率の間に信頼しうる相関はない[1]」という．

このため，株主資本コストの推計には，Ross（1976）が提起した APT（裁定価格理論）に基礎を置くマルチ・ファクター・モデルを使うべきだろう．この場合，Fama and French（1992）などの実証研究の成果を参考にして，ファクターを選択しなければならない．

しかし，この分野のわが国の株式市場を対象にした実証研究の蓄積はまだ十分ではないといえるだろう．

DCF 法による企業価値

企業価値の評価を巡って，さまざまな手法が研究・開発されている．ここでは DCF（discounted cash flow：割引キャッシュフロー）法を用いて，企業価値と WACC の関係をきわめてシンプルに整理してみる．

企業価値は，企業の事業価値と非事業用資産価値の和と定義できる．非事業用資産価値とは，事業価値の算定の基になるフリー・キャッシュフローを生み出すために必要ではない資産であり，たとえば，余剰現金，余剰投資有価証券，遊休資産などが該当する[2]．

事業価値 EV は，企業が将来稼ぎ出す FCF の割引現在価値の総和であり，次式で示すことができる．

$$EV = \frac{FCF_1}{1+WACC} + \frac{FCF_2}{(1+WACC)^2} + \cdots + \frac{FCF_n}{(1+WACC)^n} \quad\cdots\cdots\cdots\cdots\cdots \quad （\text{IV}-3）$$

FCF_n：n 年後のフリー・キャッシュフロー

（IV-3）式から WACC の低下が事業価値を増大させ，したがって企業価値を増大させることがわかる．また，フリー・キャッシュフローの成長率が高ければ高いほど，企業価値は増大することがわかる．

　フリー・キャッシュフローとは，「企業がその本業の事業活動によって１年間に生み出す，正味のキャッシュフロー」と定義され，次式で示される[3]．

　　フリー・キャッシュフロー＝
　　　営業利益×（１－実効税率）＋減価償却費－（追加設備投資＋追加運転資本）

税引後営業利益（NOPAT：net operating profit after tax）に減価償却費を加えたものが税引後営業キャッシュフローである．フリー・キャッシュフローとは，税引後営業キャッシュフローから追加的な設備投資額と運転資本の増加額を控除したものである．

　フリー・キャッシュフローとは，経営者の「自由」になるキャッシュフローという意味であり，理論的には資金提供者たる株主と債権者に帰属すると考えられる．

2．公募増資と企業価値

公募増資―― MM の命題との関連で

　本節では，WACC と企業価値評価の応用問題として，公募増資と企業価値について考察してみよう．企業が資金を調達するために，時価発行による公募形式によって投資家から払い込みを受けて新株を発行することを公募増資（時

価発行・公募形式による有償増資）という．公募増資が企業価値や株価に与える影響については，多くの理論的考察が行われてきた．

公募増資によって借入金を返済する場合，完全資本市場のもとで法人税がないならば，企業価値は影響を受けない．法人税がないならば，完全資本市場のもとで，企業価値は資本構成（負債と株主資本の比率）と無関連であるからである（MM の無関連命題[4]）．企業価値が不変であるならば，株式の総市場価値も不変であり，公募増資による株式数の増加は株価を下落させるはずである．

法人税を考慮すると，利子費用が損金として処理されるので，負債利用による節税効果が働く．負債利用による節税効果の現在価値分だけ企業価値は増大する[5]．

公募増資によって借入金を返済する場合，株主資本比率が上昇し負債比率が低下するため，節税効果は低下する．これは企業価値を低下させ，株価を下落させる要因となる．しかし，負債比率の低下は，一方で倒産コストの低下をもたらし，企業価値を増大させる要因となる[6]．

また，株主・経営者間，および債権者・経営者間の情報の非対称性に注目すれば，エージェンシー・コストを考えることができる[7]．株主・経営者間の場合，株主をプリンシパル（委託者），経営者をエージェント（受託者）とすれば，監査やディスクロージャーのためのコストは，株式発行のエージェンシー・コストとなる．これは株主資本比率を高めるほど（負債比率を低めるほど），上昇するだろう．

債権者・経営者間の場合，債権者をプリンシパル，経営者をエージェントとすれば，債務制限条項等の機会コストは，負債のエージェンシー・コストとなる．これは負債比率を高めるほど（株主資本比率を低めるほど），上昇するだろう．こうしたエージェンシー・コストの総和の現在価値を最小にするような資本構成が，企業価値を最も高めると考えられる．

このように法人税および倒産コストやエージェンシー・コストを考慮すると，公募増資による借入金の返済が企業価値や株価に与える影響を，一意的に

述べることはできない.

NPV と企業価値

一般に公募増資は企業の投資計画と対になっている. すなわち, 公募増資で調達する資金によって, どのような投資が行われるのを示す投資計画とともに, 公募増資は発表される. 株式市場において投資家は投資計画とともに公募増資の是非を判断し, その判断が当該企業の株価に織り込まれる. この意味で株価は投資家の見解であり, 「市場の声」と呼ばれることもある.

公募増資の発表と対になっている投資計画に対する株式市場の評価である「市場の声」を考察する場合, 当該投資の実行が企業価値を創造するのか毀損するのかがひとつの焦点になる. そこで NPV (net present value: 正味現在価値) を用いて, 投資計画の是非を考察してみよう. NPV は, ある投資計画を実行すべきか否かを企業内において判断する際に使われる経営管理指標である.

NPV は当該事業の将来キャッシュフローを予測し, これを WACC によって割り引いた現在価値の総和から, 当該事業の投資額の現在価値を差し引いたものである. NPV は次式によって定義される.

$$NPV = -FCF_0 + \frac{FCF_1}{(1+WACC)} + \frac{FCF_2}{(1+WACC)^2} + \cdots + \frac{FCF_n}{(1+WACC)^n} \cdots\cdots\cdots\cdots (\text{Ⅳ-4})$$

FCF_0: 投資額の現在価値,

FCF_1: 1 年後のフリー・キャッシュフローの予測値,

FCF_n: n 年後のフリー・キャッシュフローの予測値

(Ⅳ-4) 式から NPV は投資額の現在価値, WACC, 将来のフリー・キャッシュフローの予測値に依存することがわかる.

NPV がプラスであるならば, 当該事業は資金提供者の要求する収益率を上

回り，企業価値を創造するといえる．反対に，NPV がマイナスであるならば，当該事業は資金提供者の要求する収益率を下回り，企業価値を毀損しているといえる．

　NPV がマイナスとなるような投資計画が公募増資とともに発表されるならば，投資家は企業価値の毀損を予測するので，当該企業の株価は下落するだろう．反対に，NPV がプラスとなるような投資計画が公募増資とともに発表されるならば，投資家は新たな企業価値の創造を予測するので株価は上昇するだろう．実は株価がこのように反応するためには，株式市場が効率的市場仮説の想定するように効率的である必要がある．

　言い換えると，効率的市場仮説の想定するように株式市場が効率的であるならば，「市場の声」は正しいということになるが，非効率的であるならば「市場の声」は歪められているということになる．

3．ROIC と企業価値の創造

　前節と同様のことを，本節では ROIC を用いて考察してみよう．ROIC とは，当該事業への投下資本から得られる営業利益をその投下資本で割ったものであり，元来，事業ごとに算出される指標である．

　投下資本とは当該事業に要する流動資産と固定資産のことである．流動資産は手元流動性，正味運転資本，その他に大別され，固定資産は有形固定資産，無形固定資産，投資その他に大別される．正味運転資本は，「売上債権＋棚卸資産－仕入債務」によって計測される．また，有利子負債と株主資本の合計を投下資本とすることもある．これは ROCE（return on capital employed）または ROTC（return on total capital）と呼ばれることもある[8]．

　ROIC は資産サイドに着目して投下資本の収益性を測定するため，ROA と同様に資本構成の影響を排除している．このため ROA（return on assets：総資産利益率）と同様に，ROIC は WACC と比較することができる[9]．さらに，事業

ごとの ROIC と WACC を比較することによって，当該事業の実行が企業価値に与える影響を考察することができる．

ROIC と WACC の関係を企業価値との関連で纏めると，次のようになる．すなわち，事業ごとに算出された ROIC が当該事業の WACC を上回るならば，当該事業の実行は企業価値を創造するといえる．反対に，事業ごとに算出された ROIC が当該事業の WACC を下回るならば，当該事業の実行は企業価値を毀損するといえる．ROIC と WACC が等しいならば，当該事業の実行は企業価値に影響を与えない．

なお，ROIC は売上高営業利益率と投下資本回転率に分解することができる（売上高営業利益率は，営業利益／売上高．投下資本回転率は，売上高／投下資本）．

$$ROIC = 売上高営業利益率 \times 投下資本回転率$$

ROIC を上昇させるには，売上高営業利益率の上昇あるいは投下資本回転率の上昇が必要なことがわかる．

4. 結びに代えて

本章では，企業価値との関連を中心に，WACC と ROIC について考察した．その結果，事業ごとに算出された ROIC が当該事業の WACC を上回るならば，当該事業の実行は企業価値を創造し，下回るならば企業価値を毀損することを明らかにした．

企業価値の考察において，WACC と ROIC は重要な概念であり，これらは MPT の重要な成果のひとつと考えることができる．

ところで，企業価値の創造は EVA によって表すこともできる．本章の最後に，EVA スプレッドと株価の関係を考察することによって結びに代えたい．

EVA は米国のコンサルタント会社スターン・スチュワート社が提唱した概

念であり，同社の登録商標でもある．これは economic value added の略で，企業が生み出す経済的付加価値を測定するための指標である．具体的には，EVA は企業の事業活動によって生み出される税引後営業利益からその事業活動を行うために調達した資本の調達コストを控除したものである．

投下資本（invested capital）を IC，税引後営業利益を NOPAT とすると，EVA は次のようになる[10]．

$$EVA = NOPAT - (IC \times WACC)$$
$$EVA = IC \times \left(\frac{NOPAT}{IC} - WACC \right)$$
$$EVA = IC \times (ROIC - WACC)$$

ここで ROIC と WACC の差を EVA スプレッドと呼ぶ．投下資本に EVA スプレッド（$ROIC - WACC$）を掛けることによって，EVA を求めることができる．

EVA スプレッドが大きいほど，当該事業の実行によって創造される企業価値は大きくなる．もし EVA スプレッドがマイナスであるならば，当該事業の実行は企業価値を毀損することになる．

EVA スプレッドがマイナスとなるような投資計画が公募増資とともに発表されるならば，投資家は企業価値の毀損を予測するので，当該企業の株価は下落するだろう．反対に，EVA スプレッドがプラスとなるような投資計画が公募増資とともに発表されるならば，投資家は新たな企業価値の創造を予測するので株価は上昇するだろう．NPV の場合と同様に，株価がこのように反応するためには，株式市場が効率的市場仮説の想定するように効率的である必要がある．

注）
1) Fama and French（1992）p. 445.
2) 鈴木（2004）31-32 頁.
3) 大津（2005）178 頁.

4) MM の無関連命題は MM の第 1 命題とも呼ばれ，Modigliani and Miller（1958）によって提起されたものである．亀川（1993）第 6 章は，Modigliani and Miller（1958）および Modigliani and Miller（1969）をもとに MM の 3 命題を考察している．なお，亀川（1993）第 7 章は MM 命題を動学的に考察し，第 8 章は MM 命題と配当政策について，第 9 章は MM 命題と情報の不完全性について考察している．完全資本市場の下の配当政策に関する先駆的業績としては，Miller and Modigliani（1961）がある．

5) 負債利用による法人税の節税効果については，Modigliani and Miller（1963）が先駆的である．

6) Stiglitz（1969）．倒産コストに関する先駆的な実証研究としては，Wagner（1977）がある．

7) 最適資本構成を巡るエージェンシー理論の先駆的な業績としては，Jensen and Meckling（1976）がある．

8) ROIC，ROCE，ROTC の定義は，大津（2005）第 3 章に従う．

9) 大津（2005）102 頁．

10) 大津（2005）287-288 頁．

第V章
効率的市場仮説と 行動ファイナンス

　これまでの各章では，MPT を巡る考察を行ってきた．すなわち，MPT の前史から始まり，Markowitz (1952)，Tobin (1958)，Sharpe (1964) による MPT の到達点を考察した．MPT の到達点とは CAPM に他ならないが，Ross (1976) の APT はファクターの多様化という方向で CAPM を拡張したことを考察した．また，インデックス運用の実際やインデックス運用の優位性を理論的に支える効率的市場仮説を巡る初期の議論を考察するとともに，これまで理論では捨象されてきたインデックス運用の陥穽を考察した．第Ⅳ章では企業価値との関連を中心に WACC と ROIC について考察したが，これも MPT の枠内の議論である．

　本章では MPT の枠を超えて，行動ファイナンスの立場から効率的市場仮説の成立要件の妥当性を検討する．さらに，フィッシャー・ブラックが示唆したノイズ・トレーダーの役割や De Long et al. (1990) のノイズ・トレーダー・モデルやその意義を検討する．それによって，次章以降で近年の行動ファイナンス研究を考察するための準備を行いたい．

1. 行動ファイナンス研究の2つの潮流

　認知心理学者として著名なダニエル・カーネマンは，実験経済学のバーノン・スミスとともに 2002 年にノーベル経済学賞を受賞した．その受賞理由は，

行動経済学と実験経済学という新しい研究分野の開拓に貢献したことである．この受賞を契機として，行動経済学や実験経済学，あるいは行動ファイナンスは一般にも知られるようになった．近年，行動ファイナンスは，株式投資への応用可能性ゆえに証券関係者の熱い注目を集めている．

　行動ファイナンス研究には，2つの潮流がある．ひとつは認知心理学を応用したアプローチであり，いまひとつは裁定取引が不完全にしか行われないことを重視するアプローチである[1]．

　認知心理学を応用したアプローチは，カーネマンとエーモス・トゥベルスキーが開拓した研究分野であり，彼らの提起したプロスペクト理論は有名である．米国の現代心理学の主流である認知心理学では，理論の想定する環境を実験室の中に設定し，人間を被験者としてデータ収集して理論の統計的な検証を行う．こうした認知心理学の手法を用いることから，行動ファイナンス研究のこの潮流は実験経済学とも呼ばれる．こうした研究は，本来，ファイナンス分野にとどまるものではなく，行動ファイナンス研究のもうひとつの潮流にミクロ的基礎を与えるものといえる[2]．

　行動ファイナンス研究のもうひとつの潮流は，現実世界の金融市場の制度的な要因や非合理的あるいは限定合理的な投資家心理に注目し，裁定取引が不完全にしか行われないことを重視するアプローチである．裁定取引とは，価格差を利用した鞘取り行為のことである．すなわち，異なる市場で同一の証券，あるいは本質的に類似した代替証券の購入と売却を同時に行うことである．割安な証券を購入し，割高な証券を売却することによって利益を上げる行為である．

　この潮流の研究では，アンドレイ・シュレイファーがノイズ・トレーダー・リスク，エージェンシー問題，投資家心理，フィードバック投資戦略などを考察することによって金融市場のアノマリー（変則的事象）を読み解いている．また，リチャード・セイラーの業績は2つの潮流に跨る幅広いものであるが，彼は株式市場のアノマリーを始めとする各種のアノマリーの謎を解明してい

る．本書では，この潮流を「裁定不全アプローチ」と呼ぶことにする．

　裁定不全アプローチでは，投資家の非合理的あるいは限定合理的な行動をモデル化した理論研究や，主に金融関連データを使った実証研究によってアノマリーを解明しようとする研究が主流である．金融市場のアノマリーとは，MPTを支える効率的市場仮説では説明できない事象のことである．裁定不全アプローチは，現実の証券市場が効率的ではないことを統計的に実証し，その理由を現実世界の証券市場の制度的な要因や非合理的あるいは限定合理的な投資家心理に求める研究である．これは証券投資の「必勝法探し」でもある．[3]

2．効率的市場仮説の理論的成立要件

　行動ファイナンスの立場から効率的市場仮説を検討してみよう．

　効率的市場仮説の理論的成立要件は，3つのレベルで考察することができる．次の3つのレベルの要件がひとつでも満たされるならば，効率的市場仮説は成立する．[4]

　第一のレベルは，「すべての投資家は証券価格を適正に評価することができる」という要件である．証券の適正な評価とは，そのファンダメンタル価値のことである．端的に言えば，その証券が生み出す将来キャッシュフローの割引現在価値のことである．したがって，第一のレベルの要件は，すべての投資家が合理的であるならば，証券価格はそのファンダメンタル価値に収束する，と言い換えることができる．

　これは合理的経済人の仮定から導出される条件であるが，現実的には，これを満たすことがかなり厳しい要件である．現実の市場には，非合理的に行動する投資家が存在するからである．

　第二のレベルは，「証券価値を過大評価する投資家と過小評価する投資家が，互いの影響を相殺する．つまり，証券価値を過大評価したり，過小評価したりする非合理的な投資家は互いにランダムに取引する」という要件である．すな

わち，現実にはすべての投資家が合理的に行動して証券価格を適正に評価することはできないが，平均値で見れば投資家は合理的に行動しているという要件である．これが満たされるならば，効率的市場仮説は成立することになる．

しかし，人間の認識の歪みや行動の非合理性が系統的な（systematic）ものであるならば，この仮定は満たされない．近年の認知心理学の研究は，人間の認識の歪みや行動の非合理性が系統的であることを解明している．こうした研究を踏まえた近年の行動ファイナンスの研究成果を見れば，証券価値を過大評価する投資家と過小評価する投資家の影響が相殺されて，その影響が完全に消失するという想定は非現実的であろう．

第三のレベルは，「非合理的な投資家が存在し，その取引が互いにランダムではなく相関しているとしても，その証券に本質的に類似した代替証券が存在するならば，裁定取引によって適正水準が維持される」という要件である．すなわち，証券価値を過大評価する投資家や過小評価する投資家の影響が完全に相殺されない場合，市場には過大評価された割高な証券と過小評価された割安な証券が存在することになる．このとき，割高な証券を売ったり，割安な証券を買ったりする投資家が存在するならば，割高な証券は売られて安くなり，割安な証券は買われて高くなることによって，いずれも適正水準に落ち着くことになる．適正水準に到達した時点で，投資家は売った証券を買い戻し，買った証券を売るという反対売買を行い，利益を上げることができる．

裁定取引とは，価格差を利用した鞘取り行為のことである．すなわち，異なる市場で同一の証券，あるいはそれに本質的に類似した代替証券の購入と売却を同時に行うことである．割安な証券を購入し，割高な証券を売却することによって利益を上げる行為である．

裁定取引を行うアービトラージャーがいるならば，非合理的投資家は損失を出し，競争的に淘汰されていく．つまり，裁定取引と競争的淘汰によって市場の効率性は維持される．この第三のレベルの要件が満たされるだけで，効率的市場仮説は理論的には成立するのである．

第Ⅴ章　効率的市場仮説と行動ファイナンス　51

　しかし，現実にはさまざまな制度的要因のために完全な裁定取引など行われ
ないし，さらに非合理的に行動するノイズ・トレーダーの存在は，ときとして
市場の歪みを増幅する．ノイズ・トレーダー・リスクや，市場の制度的な歪み
や非合理的あるいは限定合理的な投資家心理に注目する近年の行動ファイナン
スの研究成果を見れば，この第三のレベルの要件が満たされるという想定もま
た非現実的であろう．

3．ノイズ・トレーダー・モデル

ブラックが示唆したノイズ・トレーダーの役割

　金融工学の先駆けともいえるブラック＝ショールズ方程式で有名なフィッシ
ャー・ブラックは，アメリカ金融学会会長就任演説においてノイズ・トレーダ
ーの役割を示唆している．Black（1986）はノイズを情報と対比しつつ，「ノイ
ズ・トレーディングは市場の流動性の存在にとって不可欠である[5]」とし，「ノ
イズ・トレーディングがなければ，個別資産の取引はほとんど行われないだ
ろう[6]」と指摘する．

　Black（1986）によれば，「ノイズ・トレーディングとは，あたかもそれが情
報であるかのようにノイズに基づいて行う取引[7]」であり，「ノイズ・トレーデ
ィングは価格にノイズを付与する[8]」という．さらに，「ノイズ・トレーダーが
株価に付与するノイズは累積的になるだろう[9]」と指摘する．

　Black（1986）は，「たいていの場合，ひとつの集団としてのノイズ・トレー
ダーはトレーディングによってお金を失い，ひとつの集団としての情報トレー
ダーはお金を儲ける[10]」と指摘する．この指摘は，ミルトン・フリードマンの競
争的淘汰と符合する．しかし，その後で，次のような重要な指摘を行ってい
る．

　　「情報トレーダーがノイズを取り除くために十分なほど大きなポジション
　　を取ることはないだろう．その理由は，第一に，情報によって優位に立つ

が，情報は利益を保証しないことである．ポジションが大きくなると，リスクは増大する．このため，トレーダーがどれほど大きなポジションを取るかには，限界がある．もうひとつは，ノイズではなく情報に基づいてトレードしているという確信が持てないことである．自分の持っている情報がすでに価格に反映されているとしたら，どうであろうか．その種の情報に基づくトレードは，ちょうどノイズに基づくトレードのようになるだろう．ポートフォリオの実際の収益率は，市場の諸々の収益率や他の要因を調整した後でさえ，期待収益率の非常にノイズのある推計値であるので，情報トレーダーが優位であると示すことは困難であろう．同じ理由で，ノイズ・トレーダーがトレーディングで負けると示すことは困難であろう．誰が情報トレーダーで，誰がノイズ・トレーダーか，通常は大いに曖昧であるだろう．[11]」

Black（1986）は，情報トレーダーの行う裁定取引にはリスクがあるため，裁定取引は不完全にしか行われないことを示唆したのである．

　もし裁定取引が不完全にしか行われないならば，証券価格はファンダメンタルズ価値に収束しないので，非合理的に行動するノイズ・トレーダーが利益を上げ，合理的に行動する投資家が損失を出し，競争的淘汰は達成されないかもしれない．Black（1986）の指摘は，現実世界ではノイズ・トレーダーの存在ゆえに競争的淘汰は達成されず，したがって効率的市場仮説の理論的成立要件が満たされないことを示唆するものといえる．

　行動ファイナンスの学者であることを自認するワーナー・デボントとリチャード・セイラーも，Black（1986）と同じことを指摘している．

　　「細部は異なるが，一般に，合理的な情報トレーディングは，その時点で知られていることを与件とする，客観的に正しい収益率の確率分布に基づくと考えられている．これに対して，ノイズ・トレーディングは誤った条件付きの確率評価に基づく．ノイズ・トレーダーの住む世界では，たとえ長期においても，合理的トレーダーが市場を支配し，ノイズ・トレーダー

が絶滅するという理論的確信はない．実際に，妥当な条件下では，ノイズ・トレーダーが「合理的なアービトラージャー」をアウトパフォームすることさえ起こりうる．[12]」

ノイズ・トレーダー・モデル

　ハーバード大学のブラッドフォード・デロング，シカゴ大学のアンドレイ・シュレイファー，ハーバード大学のローレンス・サマーズ，およびヨーロッパ大学院（European University Institute）のロバート・ワルドマンの４人は，Black（1986）のノイズの考え方を主流派経済学（MPT と呼ばれる現代ポートフォリオ理論もこれに含まれる）の枠組みの中でモデル化し，金融市場におけるノイズ・トレーダー・リスクを指摘した．De Long et al.（1990）の提示するノイズ・トレーダー・モデルは，次のようなものである．

　経済主体は，ノイズ・トレーダーとアービトラージャー（リスク回避的な合理的投資家）の２種類である．投資対象は，安全資産とリスク資産の２種類である．時点は，ポートフォリオを構築する時点（若年期）とポートフォリオを取り崩して消費を行う時点（老年期）の２時点であり，ノイズ・トレーダー・モデルはこの２時点で構成される世代重複モデルである．ノイズ・トレーダーとアービトラージャーは，若年期に全資産を投資し，老年期にそれを取り崩して消費を行う．彼らはそれぞれの信念に基づいて期待効用を最大化する．彼らの効用関数は，老年期の富の絶対的リスク回避度が一定の関数である．

　安全資産とリスク資産はともに定率の実質配当をもたらす．安全資産の供給は完全弾力的であり，その価格は常に１である．リスク資産の供給は常に一定であり，その価格は需要の影響を受ける．

　リスク資産の次期の価格は不確実であるが，アービトラージャーはこれを合理的に予想し，ノイズ・トレーダーはこれを誤って予想し，平均的には「強気」の予想を行う．ノイズ・トレーダーの信念は時間とともに激しく変化し，予測不可能である．ノイズ・トレーダーの信念が予測不可能である点は，この

モデルの肝となる仮定である[13].

　ノイズ・トレーダーとアービトラージャーとも，若年期に自己の期待効用を最大化するポートフォリオを構築し，老年期にそれを取り崩して消費を行うが，老年期に彼ら（前期のノイズ・トレーダーとアービトラージャーの両者からなる老人）がリスク資産をいくらで換金できるかは，次の世代の若いノイズ・トレーダーの激しく変化する信念に依存している．このためノイズ・トレーダーとアービトラージャーは，ともにリスク資産に対する需要を制限せざるを得ない．

　このようにノイズ・トレーダーの信念が予測できないために生じるリスクは，すべての投資家のポジションを制限し，とりわけアービトラージャーにとっての裁定取引の魅力を削いでしまう．その結果，裁定取引が不完全にしか行われない可能性が高くなる．ノイズ・トレーダー・リスクとは，ノイズ・トレーダーの信念が平均から乖離していくリスクに他ならない．

　また，ノイズ・トレーダーはリスク資産の次期の価格を平均的には「強気」に予想するため，リスク資産への投資割合が高くなり，ノイズ・トレーダーの期待収益はアービトラージャーのそれを上回る可能性が高くなる．これは非合理的に行動するノイズ・トレーダーが利益を上げ，Friedman (1953) のいう競争的淘汰は達成されない可能性を示唆する．

ノイズ・トレーダー・モデルの意義

　De Long et al. (1990) は，ノイズ・トレーダー・モデルの意義を次のように指摘する．

　　「われわれは，素朴な (unsophisticated) 投資家の信念が予測できないために生じるリスクは，裁定取引の魅力を削いでしまうことを示した．アービトラージャーの時間的視野が短く，そのためミスプライスされた資産への投資の清算を心配しなければならない限り，たとえファンダメンタルリスクがなくとも，彼らの積極性は制約されるだろう．その場合，ノイズ・ト

レーディングによって市場価格とファンダメンタル価値は大きく乖離しう
る．さらに，ノイズ・トレーダーは自分自身が作り出したリスクを負うこ
とによって，その報酬を受け取り，たとえ価格を歪めたとしても，洗練さ
れた（sophisticated）投資家より高い収益率を稼ぐかもしれない．われわれ
がこの論文で議論したように，この結果，変動を激化させる投機は儲から
ないはずであり，そのためノイズ・トレーダーは市場で生き残れないだろ
うという標準的な議論は，少なくとも詳細に再検討されなければなら
ない．」[14]

De Long et al.（1990）は，アービトラージャーの資金的・時間的制約を重視
することによって，裁定取引による証券価格のファンダメンタル価値への収束
が行われず，非合理的に行動するノイズ・トレーダーが合理的に行動するアー
ビトラージャーを上回る利益を上げるため，競争的淘汰は達成されない可能性
を指摘する．

De Long et al.（1990）は，効率的市場仮説の理論的成立要件は必ずしも満た
されないことを示唆する重要な論文であり，行動ファイナンス研究においてき
わめて重視されている業績である．これは非合理的に行動するノイズ・トレー
ダーの存在を想定するので，行動ファイナンス研究の系譜に位置づけることが
できるが，裁定取引の制度的制約を重視する点では，行動ファイナンス研究で
はなく主流派経済学のマーケット・マイクロストラクチャーと呼ばれる研究に
位置づけることもできる．[15]

4．結び

本章では，第一に，行動ファイナンス研究には2つの潮流があることを指摘
した．ひとつは認知心理学を応用したアプローチであり，いまひとつは裁定取
引が不完全にしか行われないことを重視するアプローチである．

第二に，MPTの枠を超えて行動ファイナンスの立場から，効率的市場仮説

の成立要件を 3 つのレベルで考察した.

第三に，De Long et al.（1990）のノイズ・トレーダー・モデルを考察することによって，効率的市場仮説の理論的成立要件は必ずしも満たされないことを明らかにした．非合理的に行動するノイズ・トレーダーの存在は，ときとして市場の歪みを増幅するのである.

こうした考察を踏まえて，第Ⅵ・Ⅶ章では，近年の行動ファイナンス研究，とりわけ裁定不全アプローチの先駆的・代表的な研究成果を考察する．すなわち，この潮流の理論史を考察すると同時に，現実世界の非効率的な証券市場における株式投資にとって有用なエビデンスを整理する．そこには，インデックス運用をアウトパフォームする株式投資戦略を考案するためのヒントがあるはずである.

注）

1) Shleifer（2000: 24）は，行動ファイナンスは制約された裁定取引（limited arbitrage）と投資家心理（investor sentiment）という 2 つの大きな基礎に立脚していると指摘している．また，行動ファイナンスの優れた入門書である真壁（2003）は，証券投資の「「必勝法探し」と「心理的誤りの法則」の 2 つが「行動ファイナンス理論」の大きな流れを形作っている」（同書 57 頁）と指摘している.

2) 行動ファイナンスの認知心理学を応用したアプローチについては，第Ⅹ章・第Ⅺ章にて考察する.

3) 真壁（2003）57 頁.

4) Shleifer（2000）: Ch 1 をもとに整理した.

5) Black（1986）p. 529.

6) Black（1986）p. 530.

7) Black（1986）p. 531.

8) Black（1986）p. 532.

9) Black（1986）p. 532.

10) Black（1986）p. 531.

11) Black（1986）p. 532.

12) DeBondt and Thaler（1989）p. 190.

13) この点について，De Long et al.（1990）は次のように指摘している．「われわ

れの用いた本質的仮定は，ノイズ・トレーダーの信念は予測不可能であり，裁定
取引は彼らの誤認が今日よりも明日にはもっと極端になるリスクを負担すること
が必要であるということである．「予測不可能性」は非合理的な投資家行動の一
般的な特性のように思われるので，われわれの結論は，ノイズ・トレーダーの行
動を単に特定のパラメータにすることに帰結するわけではないと思う.」(De
Long et al. 1990: 735)

14) De Long et al. (1990) pp. 734-735. なお，この論文の執筆者の一人であるロー
レンス・サマーズは，元アメリカ財務長官である．

15) マーケット・マイクロストラクチャーとは，証券市場の制度的要因と証券価格
形成の関係について研究するアプローチを指す．証券市場の制度的要因には，取
引の仕組みや取引コストのような市場取引に関連する要因だけでなく，広義には
キャピタル・ロスの課税上の取扱いや機関投資家のパフォーマンス評価の取扱い
なども含まれる（俊野 2004: 3 頁）．マーク・ガーマン（Garman 1976）やアル
バート・カイル（Kyle 1985）がこの分野の先駆者である．わが国においては，
大村他（1998）が先駆的かつ代表的であろう．

第VI章
過剰反応仮説と過小反応仮説
──リバーサルとモメンタム

　前章では，行動ファイナンス研究には2つの潮流があることを指摘した．ひとつは認知心理学を応用したアプローチであり，いまひとつは裁定取引が不完全にしか行われないことを重視するアプローチである．本章では，裁定不全アプローチの先駆的・代表的な研究成果のひとつである過剰反応仮説と，1990年代に入ってから登場した過小反応仮説を考察する．

　現実世界の金融市場の制度的要因や非合理的あるいは限定合理的な投資家心理に注目し，裁定取引が不完全にしか行われないことを重視するならば，効率的市場仮説では説明できないアノマリーの謎に光を当てることができる．本章では，株価の過剰反応仮説，すなわち株価の中長期リバーサルと短期モメンタムに関する研究を概観する．

1. 過剰反応仮説

過剰反応仮説と株価の平均回帰

　コーネル大学のリチャード・セイラーと彼の弟子で当時大学院生であったワーナー・デボントは，「株価は過剰反応するか」と題する論文で過剰反応仮説（overreaction hypothesis）を提唱した．De Bondt and Thaler（1985）は，投資家は全体として過剰反応するために，過去2, 3年の株式収益率がとくに高かったり，低かったりした銘柄は，その後に平均回帰することを実証し，逆張り投

資戦略の有効性を主張した[1].

　すなわち，過去2，3年の株式収益率が高かった銘柄から構成される勝ち組ポートフォリオ（winner portfolio）は，その後に株価が平均回帰するために市場平均を下回る投資パフォーマンスしか上げられない．反対に，過去2，3年の株式収益率が低かった銘柄から構成される負け組ポートフォリオ（loser portfolio）は，その後に株価が平均回帰するために市場平均を上回る投資パフォーマンスを上げることができるという．

　こうした過剰反応仮説を検証するに当たって，De Bondt and Thaler（1985）は次のように述べている．

　　「証券価格が系統的にオーバーシュートするならば，利益のような会計データを使わなくても，過去の収益率のデータだけで証券価格のリバーサルを予測できるだろう．具体的には，二つの仮説が提起される．すなわち，(1)証券価格の極端な変動の後には，その反対方向の証券価格の変動が起きる．(2)最初の証券価格の変動が極端であればあるほど，その後の（反対方向への）調整は大きくなる．両仮説ともウィーク・フォームの市場の効率性の侵犯を意味している[2].」

De Bondt and Thaler（1985）が明記しているように，過剰反応仮説の検証はウィーク・フォームの効率的市場仮説の反証として行われたのである．

デボント＝セイラーの分析方法

　De Bondt and Thaler（1985）の使用するデータは，シカゴ大学証券価格研究センター（CRSP：Center for Research in Security Prices of the University of Chicago）に蓄積された，1926年1月から1982年12月までのニューヨーク証券取引所（以下，NYSEと記す）上場銘柄の月次収益率である．また，全銘柄の等加重平均収益率を市場平均として使用する．

　1932年12月から先行する36カ月間をポートフォリオ組成期間とし，その期間の各銘柄の超過収益率[3]をもとに1933年初めに勝ち組ポートフォリオと負

け組ポートフォリオを組成する．勝ち組ポートフォリオには，ポートフォリオ組成期間に突出した株式収益率を上げた上位 35 銘柄（あるいは上位 50 銘柄，第 X 十分位の銘柄）を組み入れる．同様に，負け組ポートフォリオには，ポートフォリオ組成期間の収益率下位 35 銘柄（あるいは下位 50 銘柄，第 I 十分位の銘柄）を組み入れる．

この作業を 1933 年 1 月，1936 年 1 月，……，1978 年 1 月と，期間が重複しないように 3 年ごとに 16 回繰り返す．期間が重複しない 3 年間保有ポートフォリオが勝ち組・負け組とも各 16 本組成されるが，ポートフォリオを保有する 3 年間を検証期間として，その累積超過収益率の平均値を計測する．

さらに，De Bondt and Thaler (1985) は，ポートフォリオ組成期間と検証期間をそれぞれ 3 年（36 カ月間）とする場合だけでなく，1 年，2 年，5 年の場合も検証している．

過剰反応仮説の検証結果

図 Ⅵ－1 はポートフォリオ組成期間と検証期間を 3 年とした場合の勝ち組・負け組ポートフォリオの累積超過収益率である．両者とも株式収益率は平均回帰していることがわかる．また，負け組ポートフォリオの方が勝ち組のそれより株式収益率のリバーサル（return reversal）が顕著である．こうした現象は，勝ち組・負け組効果（winner-loser effect）と呼ばれる．

図 Ⅵ－2 は，それぞれ 35 銘柄で組成した負け組ポートフォリオと勝ち組ポートフォリオの累積超過収益率の差をプロットしたものである．図 Ⅵ－2 の 3 本の折れ線グラフは，下からポートフォリオ組成期間を 1 年，2 年，3 年として検証したものである．ポートフォリオ組成期間を長くとると，勝ち組・負け組効果が顕著に現れる．これは株価の中長期リバーサルと呼ばれる．ポートフォリオ組成期間を 1 年程度の短い期間にすると，勝ち組・負け組効果はまったく観測できなくなってしまう[4]．これは後述する株価の短期モメンタムが，中長期リバーサルを打ち消してしまうためである．

図Ⅵ-1　勝ち組・負け組ポートフォリオの累積超過収益率

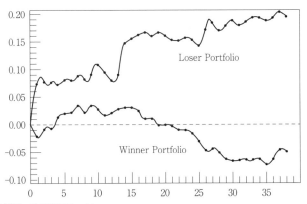

注) 1. 組成期間・検証期間は3年.
　　2. 横軸はポートフォリオ組成後の月数，縦軸は累積超過収益率の平均値.
　　3. ポートフォリオは，それぞれ収益率上位・下位35銘柄で組成.
出所) De Bondt and Thaler (1985) p.800, Figure 1. Also in *ABF*: 257.

図Ⅵ-2　負け組・勝ち組ポートフォリオの累積超過収益率の差

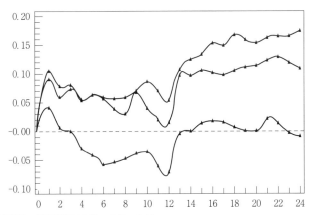

注) 1. 組成期間・検証期間は1年，2年，3年.
　　2. 横軸はポートフォリオ組成後の月数，縦軸は負け組と勝ち組の累積超過収益率の差の平均値.
　　3. ポートフォリオは，それぞれ収益率下位・上位35銘柄で組成.
出所) De Bondt and Thaler (1985) p.802, Figure 2. Also in *ABF*: 260.

図VI-3 勝ち組・負け組ポートフォリオの累積超過収益率

注) 1. 組成期間・検証期間は5年.
2. 横軸はポートフォリオ組成後の月数, 縦軸は累積超過収益率の平均値.
3. ポートフォリオは, それぞれ収益率上位・下位35銘柄で組成.

出所) De Bondt and Thaler (1985) p.803, Figure 3. Also in *ABF*: 261.

図VI-3はポートフォリオ組成期間を5年とした場合の勝ち組・負け組ポートフォリオの累積超過収益率である. 勝ち組・負け組効果が顕著に現れていることがわかる. とりわけ, 負け組ポートフォリオの折れ線グラフに5回の急上昇が観測できる. この急上昇はいずれも1月に起きており, カレンダー効果の中でも一月効果 (January effect) として知られるアノマリーである. 図VI-3から負け組ポートフォリオの過剰反応の修正は毎年1月に行われ, 年を追うごとに小さくなっていくことがわかる.

De Bondt and Thaler (1985) は効率的市場仮説を公然と反証した論文である. 米国の経済経営系学会では, 当時は今以上に効率的市場仮説が権勢を振るっていた. その時代の米国の学会のトップジャーナルに, 効率的市場仮説を公然と反証した論文が掲載されたことは奇跡的ですらある. デボントの指導教授でこの論文の共著者でもあるセイラーが, デボント=セイラーの1985年論文の誕生秘話を近著で次のように明かしている.

「こうした結果 (デボントとセイラーの分析結果のこと——引用者) を得

てほどなくして，私たちに幸運が舞い降りてきた．ハーシュ・シェフリンがアメリカ・ファイナンス学会（AFA）の年次総会でセッションを開くよう依頼されていて，ワーナーと私にそこで今回の発見を発表する機会を与えてくれた．当時，AFA の機関誌であるジャーナル・オブ・ファイナンス誌は，年次総会で発表された論文だけを集めた特集号を年 1 回発行していた．セッションの主催者がそこで発表された論文を 1 つ推薦でき，その年の AFA 会長がどの論文を掲載するか，最終判断する．選ばれた論文は数カ月後には雑誌に掲載され，正式な査読のプロセスは通らなかった．かくしてハーシュはジレンマに陥った．会議に提出することになっていた自分の論文を提出するべきか，それとも私たちの論文を推薦するべきか（セッションで発表される 3 つ目の論文はすでに同誌に投稿されていたので，推薦の対象にならなかった）．ハーシュは，ソロモンの知恵と年寄りの多少の厚かましさの合わせ技で，論文を 2 つとも推薦した．ここで幸運の女神が私たちにほほえんだ．その年の AFA 会長は，オプション価格形成モデルのブラック＝ショールズ方程式を共同で開発した故フィッシャー・ブラックだったのだ．反逆者の一面もあるブラックは，論文を 2 本とも掲載することを選んだ．

　ワーナーとの共著論文は 1985 年に出版され，いまでは広く知られるようになっている．しかし，もしもハーシュが裏ルートでジャーナル・オブ・ファイナンス誌に掲載する道を開いてくれなかったら，この研究結果を公表するのに何年もかかっていただろうし，へたをしたら論文そのものが出版されていなかったかもしれない．何しろ私たちの研究結果は効率的市場仮説を明確に侵害するものであり，まちがっていなければならないことは誰も"わきまえて"いたため，査読者は強い疑いの眼を向けていただろう[5]．」

かくして行動ファイナンスの理論史を語る上で決定的に重要な論文が誕生したのである．

エクストラポレーション・バイアス

　イリノイ大学のジョセフ・ラコニショク，ハーバード大学のアンドレイ・シュレイファー，およびシカゴ大学のロバート・ヴィシュニーは，「逆張り投資，外挿およびリスク」と題する 1994 年の論文で，エクストラポレーション（extrapolation：外挿）という概念を用いて，後述するバリュー投資の優位性を理論と実証の両面から解明している[6]．エクストラポレーション・バイアスは代表性ヒューリスティックのひとつに分類され，De Bondt and Thaler（1985）の過剰反応仮説と整合的である．

　投資家は，企業の過去の業績や株価の値動きをそのまま将来に外挿してしまう傾向がある．すなわち，過去の業績や株価の値動きが魅力的なグラマー株は，将来の業績や株価の値動きも魅力的であると考えてしまう．反対に，過去の業績が悪い銘柄や株価が割安に放置されているバリュー株は，将来の業績や株価の値動きも悪いと投資家は考えてしまう．

　実際には，企業業績や株価は平均回帰し，バリュー株の投資パフォーマンスは市場平均を上回り，グラマー株のそれは市場平均を下回る傾向がある．言い換えると，投資家がエクストラポレーション・バイアスに囚われることによって，バリュー投資は異常収益（abnormal return）を上げることができる．

　ラコニショク，シュレイファーおよびヴィシュニーの 3 人は，LSV アセット・マネジメントという投資会社を設立してバリュー投資を実践している[7]．

2．リバーサルとモメンタム

株価の中長期リバーサル

　株式市場に勝ち組・負け組効果が実在するならば，勝ち組銘柄を売り建て，負け組銘柄を買い建てる裁定ポートフォリオを組成することによって，中長期では市場平均を上回る投資パフォーマンスが実現できるだろう．

　裁定ポートフォリオによる逆張り戦略の有効性を実際の株式市場において検

証する研究が，1990年代以降，盛んに行われている．ウィスコンシン大学の
ワーナー・デボントは，各国株式市場における逆張り戦略に関する先行研究の
検証結果を纏めており，[8] 多くの国の株式市場において，概ね株価の中長期リバ
ーサルが観測されている．これは株式市場において勝ち組・負け組効果が実在
するということであり，デボント＝セイラーの過剰反応仮説が支持されたとい
ってよい．あるいは，投資家はエクストラポレーション・バイアスに囚われる
傾向があるといえるだろう．

株価の短期モメンタム──日本株市場では観測されない

モメンタムとは勢いのことであり，株価が上がった銘柄の株価はさらに上が
り，下がった銘柄はさらに下がることをいう．6カ月から12カ月という短期
において，個別銘柄の株価の値動きは将来の同じ方向の値動きを予見する傾向
がある．これを短期モメンタムと呼ぶ．[9] 短期モメンタムが実在するならば，短
期的には順張り投資は異常収益を上げることができる．

モメンタムの研究はまだ新しく，Jegadeesh and Titman（1993）がその嚆矢
といえる．[10] モメンタムについて，Shleifer（2000）は次のように述べている．

「デボント＝セイラーの発見に続いて，研究者たちは過去の収益率に基づ
いて，証券の収益率，とりわけ株式収益率を巧みに予測する方法を発見し
た．そうした発見の中で，おそらく最も重要なのは，モメンタムの発見で
ある（Jegadeesh and Titman 1993）．モメンタムは，6カ月から12カ月の期
間において，個別銘柄の株価の値動きは将来の同じ方向の値動きを予見す
る傾向があるということを示している．つまり，デボント＝セイラーが発
見した反転する傾向のある長期のトレンドと違って，比較的短期のトレン
ドが継続する．……Fama（1991）でさえ，株式収益率は過去の収益率か
ら予測可能であり，このことは初期の研究で到達した結論に背反すること
を認めている．[11]」

短期モメンタムの存在する理由としては，アンカリング（anchoring）や保守

性バイアス（conservatism bias）による投資家の過小反応が指摘されている[12]．たとえば，過去の悪い企業業績が船の錨のように投資家をとらえるために，企業業績に関する良い情報が公表されても，ベイズの定理に反して投資家の期待の改訂が十分に行われず，株価は安いままに放置される．やがて決算発表で投資家の期待が一斉に改訂され，株価は一気に上昇する．この結果，モメンタムは中長期では消滅してしまう．

あるいは，短期モメンタムの存在する理由として，認知的不協和（cognitive dissonance）によって投資家の過小反応を説明することもできるだろう．認知的不協和とは，米国の社会心理学者であるレオン・フェスティンガーによって提唱された概念であり，人間がある認知要素と矛盾した認知要素に遭遇した際に感じる不協和を低減しようとする心理状態を指す．人間は認知的不協和を低減するために無意識にバイアスのかかった意思決定を行う[13]．

たとえば，ある株式に投資した投資家が，それを肯定するような情報を重視し，不都合な情報を軽視する傾向があるならば，彼の投資後の意思決定には認知的不協和によってバイアスがかかっているといえる．このため，企業業績に関する悪い情報が公表されても，ベイズの定理に反して投資家の期待の改訂が十分に行われず，株価は高値を保ちつづける．やがて決算発表で投資家の期待が一斉に改訂され，株価は一気に下落する．この場合でも，モメンタムは中長期では消滅してしまう．

裁定ポートフォリオによるモメンタム戦略の有効性を実際の株式市場において検証する研究も，1990年代以降，盛んに行われている．各国株式市場におけるモメンタム戦略に関する先行研究の検証結果についても，デボントが纏めている[14]．日本を除く多くの国の株式市場において，概ね株価の短期モメンタムが観測されている．

Iihara et al.（2004）はロードアイランド大学のPACAP（Pacific Basin Capital Market Research Center）が編集している東京証券取引所上場銘柄のデータベースを用いて，1975年から1997年までの日本株の月次収益率を分析して，過剰

図VI-4 日本株市場における負け組・勝ち組の収益率格差（1975〜1997年）

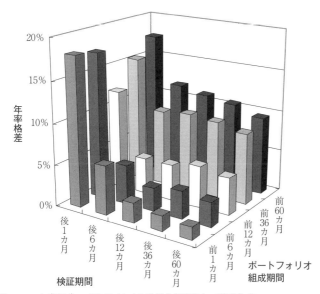

出所）Iihara et al. (2004) p. 475, Table 1の計数を年率化して筆者作成.

反応仮説を検証している．すなわち，過去の各銘柄の月次収益率（投資前1カ月，6カ月，12カ月，36カ月，60カ月）をもとに五分位を作り，最も収益率の低いグループを負け組，最も収益率の高いグループを勝ち組として，両者のその後の収益率（投資後1カ月，6カ月，12カ月，36カ月，60カ月）を計測している．

図VI-4は負け組と勝ち組のその後の収益率格差（負け組収益率－勝ち組収益率）を計測したものである．これは負け組銘柄を買い建て，勝ち組銘柄を売り建てる裁定ポートフォリオの収益率である．検証期間のすべてにおいて収益率格差がプラスであることから，角田（2004a）は日本株市場では株価の短期モメンタムは観測されないと指摘している[15]．

なぜ日本株市場では株価の短期モメンタムが観測されないのか．負け組と勝ち組に分けて，その収益率を考察しよう．

図Ⅵ-5　日本株市場における負け組の収益率（1975～1997年）

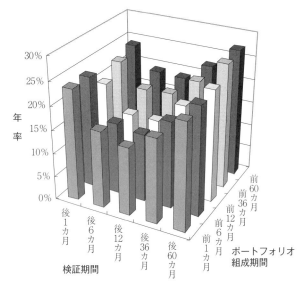

出所）図Ⅵ-4に同じ．

図Ⅵ-6　日本株市場における勝ち組の収益率（1975～1997年）

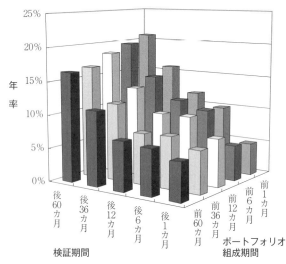

出所）図Ⅵ-4に同じ．

第Ⅵ章　過剰反応仮説と過小反応仮説　69

図Ⅵ−5は日本株市場における負け組ポートフォリオの収益率であるが，ポートフォリオ組成期間にかかわらず，強いリバーサルが観測される．とりわけ検証期間が1カ月の場合の収益率は大きなプラスであることが注目される．これは日本株市場においては，負け組の短期リバーサルがきわめて強いということである．

図Ⅵ−6は勝ち組ポートフォリオの収益率である．負け組と同様に，すべての勝ち組ポートフォリオの収益率はプラスであるが，そのすべてが負け組のそれを下回る．とりわけ検証期間が1カ月の場合の収益率は負け組のそれに比べてきわめて小さいことが注目される．これは日本株市場においては，勝ち組の短期モメンタムが弱いということである．

このように日本株市場では，勝ち組の弱い短期モメンタムが負け組のきわめて強い短期リバーサルに凌駕されて，負け組・勝ち組の収益率格差においては，株価の短期モメンタムが観測されないのである．

3．結び

De Bondt and Thaler（1985: 795）が明記しているように，過剰反応仮説の意味することは，ウィーク・フォームの効率的市場仮説の侵犯に他ならない．というのは，De Bondt and Thaler（1985）の検証結果は，過去の株価変動から将来の株価変動を予測することができる可能性を示すからである．デボント＝セイラーは，株価の過剰反応という証券価格評価の誤りが，数年がかりで修正されることを明らかにしたのである．

Lakonishok et al.（1994）のエクストラポレーション・バイアスは，株価の過剰反応という証券価格評価の誤りを投資家心理によって説明するものであり，代表性ヒューリスティックのひとつに分類される．エクストラポレーション・バイアスの意味することも，ウィーク・フォームの効率的市場仮説の侵犯である．

De Bondt and Thaler（1985）の研究は株価の中長期リバーサルに関するものだが，Shleifer（2000: 18）の指摘するように，Jegadeesh and Titman（1993）は株価の短期モメンタムという株価の過小反応を発見した．その後，株価の中長期リバーサルや短期モメンタムは各国の株式市場で観測されている．こうした検証結果の意味することは，ウィーク・フォームの効率的市場仮説の侵犯に他ならない．

なお，こうした検証結果が，巷に流布する株価チャート分析の有効性を証明するものではないことを付言しておく．

注）

1）Thaler（2002）p. 157.

2）De Bondt and Thaler（1985）p. 795. 括弧内は引用者.

3）各銘柄の超過収益率とは，各銘柄の収益率から市場平均の収益率を引いたものである．

4）De Bondt and Thaler（1985）p. 800.

5）Thaler（2015）pp. 223-224. 訳314-315頁. 引用部分は遠藤真美の訳文であるが，訳本全体を通して秀逸な翻訳である．ただし，人名の表記は引用者である筆者が修正している．

6）Lakonishok et al.（1994）

7）Thaler（2015: 228）によると，この実践は大成功（highly successfully）しているという．

8）De Bondt（2001）

9）Shleifer（2000）p. 18.

10）Jegadeesh and Titman（1993）は，過去の株価パフォーマンスの良い株式を買い建て，悪い株式を売り建てる戦略が，3カ月から12カ月の保有期間においては有意なプラスの収益を生み出すことを実証している．さらに，最初の1年に生み出される異常収益の一部は，次の2年間で消失してしまうという．

11）Shleifer（2000）p. 18. なお，ユージン・ファーマは効率的市場派の第一人者である．

12）特に命名されているわけではないが，投資家の過小反応によって短期モメンタムが存在することを「過小反応仮説」と呼んでよいであろう．投資家の過小反応を引き起こす要因としては，アンカリングや保守性バイアスの他に，後述する認知的不協和が挙げられる．

13）市川（1997）170-174頁. 市川（1997）によれば，この理論のオリジナルの提

唱は，Festinger, L.（1957）*Theory of Cognitive Dissonance*, Stanford University Press〔『認知的不協和の理論：社会心理学序説』末永俊郎訳，誠信書房，1965 年〕である．

14）De Bondt（2001）

15）角田（2004a）137 頁.

第Ⅶ章

バリュー投資
——バリュー株効果と小型株効果

近年の行動ファイナンス研究，とりわけ裁定不全アプローチの先駆的研究は，証券市場におけるアノマリー（効率的市場仮説では説明できない変則的事象）の発見に始まる．本章では，バリュー投資の優位性，すなわちバリュー株効果と小型株効果に関する先駆的・代表的研究を考察し，この潮流の理論史を考察すると同時に，現実世界の非効率的な証券市場における株式投資にとって有用なエビデンスを整理する．

第1節において Basu（1977）に始まるアノマリー研究を考察する．こうした MPT の枠内で行われたアノマリー研究と，近年の行動ファイナンスの裁定不全アプローチは交錯していくのである．第2節では，バリュー株とグロース株を定義するために必要な株価指標を考察する．

第3節では，各国のバリュー株とグロース株のパフォーマンスに関するエビデンスを整理する．これによってバリュー投資の優位性が明らかになる．さらに，バリュー投資の優位性の解釈を巡る効率的市場派と行動ファイナンス派の対立を考察する．これは，バリュー投資の異常収益が市場ベータ以外のリスクによって説明されるリスク・プレミアムに過ぎないと解釈するのか，あるいは，人間の認識の系統的な歪みや限定合理性に基づく証券価格評価の系統的な誤りによってバリュー投資の異常収益がもたらされると考えるのか，という対立である．

第4節では，バリュー対グロースの5年間保有ポートフォリオの収益率格差

が循環的に変動していることに注目し，バリュー株ポートフォリオが相対的に低迷する期間が循環的に訪れていることを指摘する．つまり，バリュー投資戦略の優位性が低迷する期間が循環的に訪れており，低迷の後にはバリュー投資戦略が有効に機能していることを指摘する．本章では，こうした現象の解釈として，証券市場は必ずしも効率的ではないという立場からひとつの試論を提示する．

1. アノマリーの発見

株価収益率（PER：price earnings ratio）とは，株価が1株当たり税引利益の何倍かを示す指標である．一般に PER は低ければ低いほど，株価が割安であることを示す．反対に，PER は高ければ高いほど，株価が割高であることを示す．

カナダのマクマスター大学の会計学者であるサンジョイ・バスーは，効率的市場仮説では説明できないアノマリーの謎に光を当て，市場平均をアウトパフォームする投資戦略を探る先駆的研究を行った．1977 年の「株価収益率と普通株の投資パフォーマンス：効率的市場仮説の検証」と題する論文で，彼は次のように述べている．

「（効率的市場仮説の妥当性を疑問視する）集団は，株価収益率は証券の将来の投資パフォーマンスの指標であると信じている．この株価レシオ仮説の支持者は，株価収益率の低い証券はそれが高い証券をアウトパフォームすると主張する．つまり，証券価格は歪められており，株価収益率はこのバイアスの指標である．株価収益率の低い株式の収益率は，たとえ追加的な調査費用や取引費用や税金の差を調整した後でも，内在するリスクを根拠とする部分を超えて，高くなる傾向があることが判明した．これは効率的市場仮説とは矛盾するであろう[1]．」

一般に，PER 等の株価指標によって割安とされる株式をバリュー株といい，

74

表Ⅶ－1　株価収益率のランキングによる投資パフォーマンス

株価収益率の五分位	年平均収益率	β 値（市場リスク）
第Ⅴ五分位（最高）	9.34%	1.1121
第Ⅴ五分位 （ただし，利益がマイナスの株式を除く）	9.55%	1.0579
第Ⅳ五分位	9.28%	1.0387
第Ⅲ五分位	11.65%	0.9678
第Ⅱ五分位	13.55%	0.9401
第Ⅰ五分位（最低）	16.30%	0.9866

出所）Basu（1977）p. 667, Table 1 より抜粋.

割高とされる株式をグロース株をという．Basu（1977）は，低 PER の割安株に投資するバリュー投資戦略が，通常収益を上回る異常収益をもたらすという「株価レシオ仮説」を提唱したのである．

　Basu（1977）は，1956 年 8 月から 1971 年 10 月までの NYSE 上場の 1400 銘柄のデータベースを用いた．各年末に 750 銘柄を取り出し，PER でランキングして五分位ポートフォリオを組成し，翌年度の各銘柄の配当を含む収益率等を計測する作業を 1971 年 3 月分まで行った．**表Ⅶ－1** から明らかなように，PER の低いポートフォリオほど株式収益率が高く，PER の高いポートフォリオほど株式収益率が低い．さらに，PER の最も高いポートフォリオの β 値が最も高く，その市場リスクが高いことがわかる（ベータ値が最低となるのは第Ⅱ五分位）．

　ノースウェスタン大学のロルフ・バンズは，「普通株の株式収益と時価総額の関係」と題する 1981 年の論文で小型株効果（small firm effect）を指摘した[2]．小型株効果とは，時価総額で測った企業サイズの小さい企業の株式には異常収益が認められるというものである．Banz（1981）は小型株の市場リスク調整後の収益率は平均すると大型株より大きいことを指摘し，これをサイズ効果（size effect）と呼んでいる．サイズが平均的な株式と大型株との間には収益率の差はほとんど存在しないが，サイズ効果はサイズがきわめて小さい株式に認

図Ⅶ-1 小型株効果とPER効果

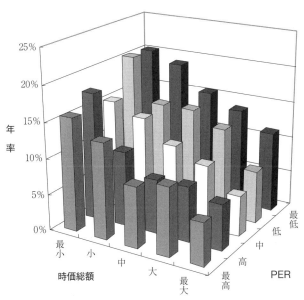

出所) Basu (1983) p.144, Table 5の計数を年率化して筆者作成.

められるという. Banz (1981) は, 少なくとも過去40年間にサイズ効果が存在したという事実は, CAPMが誤って特定化されていた証拠であると指摘している[3].

ペンシルバニア大学のドナルド・カイムは, 小型株の異常収益は1月に発生し, その半分以上は年初の5営業日に集中していることを指摘している[4]. 南カリフォルニア大学のマーク・ラインガナムも同様の事実を指摘している[5]. Reinganum (1983) によれば, 年初の異常収益はタックス・ロス売り効果 (tax-loss selling effect) と整合的であるが, それだけでは説明できないという. タックス・ロス売りとは, 投資家がキャピタル・ゲイン税を節税するために, 含み損の出ている持ち株を売却する行為である. こうした投資家は年末にかけて含み損の出ている持ち株を売り進む. 新年になると売り圧力がなくなり, あるいは買い戻されたりする. このため, タックス・ロス売り効果は後述する一月効

果の理由のひとつに数えられる.

Reinganum (1981) は,小型株アノマリーは PER アノマリーを包摂すると指摘したが,Basu (1983) は 1963 年から 1979 年までのリスク調整後の収益率を比較して,2 つのアノマリーは併存すると主張した[6].図Ⅶ−1 から,小型株効果と PER 効果が併存していることが窺える.

なお,第Ⅵ章でも指摘したように,当時は今以上に効率的市場仮説が権勢を振るっていた時代である.その時代の米国の学会のトップジャーナルに,効率的市場仮説を公然と反証した論文を掲載する際には,次のような「作法」があったことをセイラーは近著で明かしている.

「70 年代後半,会計学教授のサンジョイ・バスーが,バリュー投資を検証してグレアムの戦略を全面的に支持する,実に見事な研究を行った.ところが,当時はその手の論文を出版する際には,そうした結果になったことに対して謝罪するという屈辱を受け入れなければいけなかった.バスーは論文をこう結んでいる.「結論として,今回調査した 14 年間の証券価格のふるまいは,もしかすると,効率的市場仮説で完全には記述できないかもしれない」.「すみませんでした」とはっきり謝罪するのはかろうじて避けた形である.同じように,ユージン・ファーマのシカゴ大学での教え子の 1 人,ロルフ・バンズが別のアノマリーを発見した.小型企業で構成されるポートフォリオのリターンが大企業のポートフォリオのリターンを上回ったのだ.1981 年に発表された論文は,次のような謝罪めいた言葉で締めくくられている.「期間の長さを考えると,市場の非効率性が原因である可能性は低く,むしろ価格形成モデルに瑕疵があることを示す証拠となる」.平たく言うと,効率的市場仮説がまちがっていることはありえないので,このモデルからは何かが抜け落ちているにちがいない,というわけである[7].」

2. 株価指標——RER, PCFR, PBR, 配当利回り

株価指標①——PER, PCFR と企業価値評価

一般に,株価が割安の株式をバリュー株といい,投資家が高い利益成長を期待するがゆえに株価が割高の株をグロース株あるいはグラマー株という.このとき株価の割安・割高を測る尺度が必要となる.こうした尺度は株価指標と呼ばれる.本節の本項と次項では,バリュー株とグロース株を定義するために必要な株価指標を考察する.

前述した PER は最も代表的な株価指標のひとつであり,株価が1株当たり税引利益 (EPS: earnings per share) の何年分まで買われているかを示す指標である.言い換えると,PER は企業の株式時価総額を税引利益で割って算出した指標である.

株価の割安・割高を測る株価指標の背後には,企業価値をいかにして測るべきかという理論がある.企業価値の評価を巡っては,様々な手法が研究・開発されている.ここでは DCF (discounted cash flow) 法を用いて,企業価値と投資家の期待収益率との関係をきわめてシンプルに整理し,PER の意味することを考えてみる.

企業価値は,企業の事業価値と非事業用資産価値の和と定義できる.非事業用資産価値とは,事業価値の算定の基になるフリー・キャッシュフロー(以下,FCF と記す)を生み出すために必要ではない資産であり,たとえば,余剰現金,余剰投資有価証券,遊休資産などが該当する[8].事業価値は,企業が将来稼ぎ出す FCF の割引現在価値の総和である.

単純化のために,非事業用資産価値を捨象して,企業価値を企業が将来稼ぎ出す FCF の割引現在価値の総和であるとし,FCF が年率 g% で永久に定率成長すると仮定すると,企業価値 PV は次式で示すことができる.

$$PV = \frac{F}{1+r} + \frac{F(1+g)}{(1+r)^2} + \frac{F(1+g)^2}{(1+r)^3} + \cdots + \frac{F(1+g)^{n-1}}{(1+r)^n} \ \cdots\cdots\cdots\cdots \ (\text{Ⅶ-1})$$

PV：企業価値，F：1年後のFCF，g：FCF の成長率，r：期待収益率

（Ⅶ-1）式の両辺に $\dfrac{1+g}{1+r}$ を掛けた式を（Ⅶ-1）式から引いて整理すると，次式を得る．

$$PV = \frac{F}{r-g} \ \cdots\cdots\cdots\cdots \ (\text{Ⅶ-2})$$

（Ⅶ-2）式の両辺を F で割ると，次式を得る．

$$\frac{PV}{F} = \frac{1}{r-g} \ \cdots\cdots\cdots\cdots \ (\text{Ⅶ-3})$$

（Ⅶ-3）式の PV を株式時価総額に，F を税引利益に読み替えるならば，PER は次のようになる．

$$PER = \frac{1}{r-g} \ \cdots\cdots\cdots\cdots \ (\text{Ⅶ-4})$$

（Ⅶ-4）式から，一般に利益成長率 g が高いほど，投資家は高い PER を許容することがわかる．市場が高い利益成長を期待する高 PER の株式を，一般にグロース株に分類する理由はここにある．

　また，（Ⅶ-3）式の PV を株式時価総額に，F をキャッシュフロー読み替えるならば，株価キャッシュフロー倍率（PCFR：price cash flow ratio）は次のようになる．

$$PCFR = \frac{1}{r-g} \ \cdots\cdots\cdots\cdots \ (\text{Ⅶ-5})$$

　PCFR は，株式時価総額をキャッシュフローで割ったものである．キャッシュフローにはさまざまな定義があるが，一般にフリー・キャッシュフローは税引利益に減価償却費を加えたものである．PER と同様に，一般に PCFR は低

ければ低いほど，株価が割安であることを示す.

（Ⅶ-4）式と同様に（Ⅶ-5）式から，一般に利益成長率 g が高いほど，投資家は高い PCFR を許容することがわかる. 市場が高い利益成長を期待する高 PCFR の株式は，一般にグロース株に分類される.

株価指標②——PBR と ROE，配当利回り

株価純資産倍率（PBR：price book value ratio）は，株価が企業の1株当たり純資産（BPS：book value per share）の何倍かを示す指標である. 言い換えると，PBR は企業の株式時価総額を簿価純資産で割って算出した指標である. 一般に PBR は低ければ低いほど，株価が割安であることを示す.

ところで，株主資本利益率（ROE：return on equity）は，税引利益を株主資本で割って算出した比率であり，株主から見た企業の収益性を示すものとされる. また，総資産に対する利益の比率を総資産利益率（ROA：return on assets）という. ROA の分子の利益としては，営業利益，経常利益，支払利息控除前経常利益，税引利益などが使用されるが，ここでは税引利益で考察する.

負債を増加するなど財務レバレッジを掛けると，ROE は上昇する. この関係は次式で示される（財務レバレッジは，総資産／株主資本）.

$$ROE = ROA \times 財務レバレッジ \cdots\cdots\cdots\cdots（Ⅶ\text{-}6）$$

さらに，ROA は売上高利益率と総資産回転率に分解される（売上高利益率は，税引利益／売上高. 総資産回転率は，売上高／総資産）.

$$ROA = 売上高利益率 \times 総資産回転率 \cdots\cdots\cdots\cdots（Ⅶ\text{-}7）$$

ROA を上昇させるには，利益率の上昇あるいは総資産回転率の上昇が必要なことがわかる.

ROE は株主資本に対する税引利益の比率であるので，その分子と分母を発行済み株式数で割ると，次式で表すことができる.

$$ROE = \frac{EPS}{BPS} \quad\cdots\cdots\cdots\cdots\cdots \quad (\text{Ⅶ}-8)$$

両辺に BPS を掛けて，次式を得る．

$$EPS = ROE \times BPS \quad\cdots\cdots\cdots\cdots\cdots \quad (\text{Ⅶ}-9)$$

両辺を株価で割って，次式を得る．

$$\frac{1}{PER} = ROE \times \frac{1}{PBR} \quad\cdots\cdots\cdots\cdots\cdots \quad (\text{Ⅶ}-10)$$

この式を整理すると，PBR と PER および ROE の関係を示す次式を得る．

$$PBR = ROE \times PER \quad\cdots\cdots\cdots\cdots\cdots \quad (\text{Ⅶ}-11)$$

PER を一定とすると，高 ROE の株式は高 PBR であることがわかる．一般に高 PBR の株式はグロース株に分類される．

　配当利回り（dividend yield）は，株価に対する年間配当金の比率である．他の事情を一定とすれば，配当利回りが高ければ高いほど，株価が割安であると判断することができる．

　本節で考察した各種の株価指標を用いて，次節ではバリュー株とグロース株を定義して，各国におけるそのパフォーマンスを考察しよう．

---

3. バリュー対グロース

バリュー対グロース──バリュー投資の優位性

　シカゴ大学のユージン・ファーマとマサチューセッツ工科大学のケネス・フレンチは，PER, PCFR, PBR, 配当利回りを用いてバリュー株とグロース株を定義し，各国株式市場におけるバリュー株とグロース株の投資パフォーマンスを計測している．Fama and French (1998) は，CRSP（シカゴ大学証券価格研究センター）と Compustat 社および MSCI (Morgan Stanley Capital

International）社の 1975 年から 1995 年までのデータを用いて，PER，PCFR，PBR の上位 30％の銘柄をグロース株，下位 30％の銘柄をバリュー株として，その超過収益率を比較している（図Ⅶ－2・図Ⅶ－3・図Ⅶ－4）．配当利回りに関しては，上位 30％の銘柄をバリュー株，下位 30％の銘柄をグロース株として，その超過収益率を比較している（図Ⅶ－5）．

　バリュー株とグロース株を PER で分類すると，イタリアを除くすべての国でバリュー株がグロース株をアウトパフォームしている（図Ⅶ－2）．PCFR で分類すると，オランダを除くすべての国でバリュー株がグロース株をアウトパフォームしている（図Ⅶ－3）．PBR で分類すると，イタリアを除くすべての国でバリュー株がグロース株をアウトパフォームしている（図Ⅶ－4）．配当利回りで分類すると，イタリア，シンガポール，ドイツを除くすべての国でバリュー株がグロース株をアウトパフォームしている（図Ⅶ－5）．

効率的市場派と行動ファイナンス派の対立——リスクかミスバリューか

　Fama and French（1998）の事実発見など，バリュー投資の優位性には，相対立する 2 つの解釈がなされている．すなわち，ファーマ＝フレンチは，バリュー投資の優位性は CAPM（capital asset pricing model：資本資産評価モデル）の市場ベータでは説明できないが，マルチ・ファクター・モデルを用いて市場ベータ以外のリスクによって説明できると主張して，効率的市場仮説を堅持している．

　効率的市場派は，市場リスクだけでなく企業サイズや，PER，PBR，PCFR，配当利回り等のバリュー系株価指標などで測られるバリュー度をリスク・ファクターとして捉え，マルチ・ファクター・モデルによってバリュー投資の異常収益を説明する．つまり，バリュー投資は CAPM の市場ベータの示す市場リスク以外のリスクが高く，そのリスク・プレミアムとして異常収益がもたらされるというのである．言い換えると，効率的市場派のマルチ・ファクター・モデルでは，企業サイズやバリュー度は何らかのリスクの代理変数であ

図Ⅶ-2　低 PER と高 PER のポートフォリオのパフォーマンス

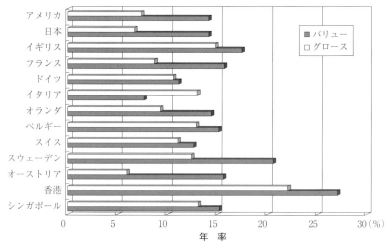

出所）Fama and French（1998）p.1980, Table 3より筆者作成.

図Ⅶ-3　低 PCFR と高 PCFR のポートフォリオのパフォーマンス

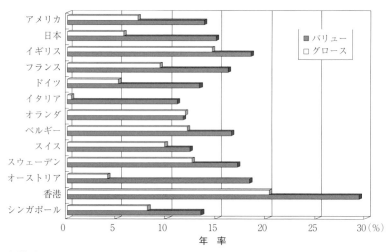

出所）図Ⅶ-2に同じ.

図Ⅶ-4 低PBRと高PBRのポートフォリオのパフォーマンス

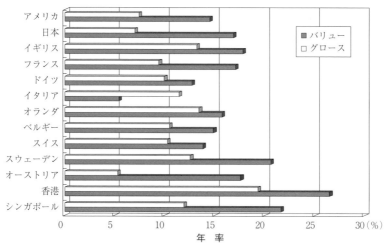

出所）図Ⅶ-2に同じ．

図Ⅶ-5 高配当利回りと低配当利回りのポートフォリオのパフォーマンス

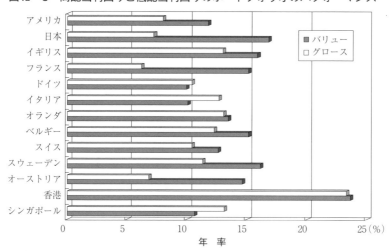

出所）図Ⅶ-2に同じ．

84

ると考えられている．

　Fama and French（1992）はこの立場を提示した論文であり，企業サイズと簿価・時価比率（PBR の逆数）という 2 つの変数が，市場ベータ，企業サイズ，レバレッジ，簿価・時価比率および収益・株価比率（PER の逆数）と関連した平均株式収益率のクロスセクショナルな変動を説明すると主張する．Fama and French（1992）は次のように指摘している．

　　「サイズ，収益・株価比率（E/P），レバレッジおよび簿価・時価比率のような変数はすべて，企業の株価の尺度である．これらは，株式のクロスセクションの期待収益率について株価から情報を得るための異なる方法と考えることができる（Ball（1978); Keim（1988))．これらすべての変数は株価の尺度であるので，平均収益率の説明にはその一部は余分であると考えるのが合理的である．1963-1990 年期では，サイズと簿価・時価比率が，サイズ，E/P，簿価・時価比率およびレバレッジと関連した平均株式収益率のクロスセクショナルな変動を捉えるというのがわれわれの主要な結論である．[9]」

企業サイズやバリュー度を相対困窮度ファクター（relative distress factor）と呼ばれるリスク・ファクターとして捉えるならば，マルチ・ファクター・モデルによってバリュー投資の優位性を説明することができる．これが効率的市場派の立場である．

　これに対して，行動ファイナンス派は，限定合理性に基づく人間の認識の系統的な歪みや投資家の過剰反応や過小反応に注目する．投資家がエクストラポレーション・バイアスに囚われて過剰反応したり，アンカリングや保守性バイアス，あるいは認知的不協和によって過小反応したりするために，証券価格評価に系統的な誤りが生じる．この証券価格評価の誤りこそ，バリュー投資の異常収益の源泉であると主張する．証券価格評価の誤りの程度をミスバリュー度と定義するならば，バリュー投資の優位性はミスバリュー度によって説明できる[10]だろう．

いずれの立場をとるべきか，実証研究によって決着のつく問題ではないと思われる．

4．収益率格差の循環的変動と投資戦略の流行り廃り

収益率格差の循環的変動

Brandes Institute（2006）がS&P社のデータベースをもとに作成した資料を用いて，ポートフォリオを5年間保有したときのバリュー株とグロース株の収益率格差について見てみよう．**図Ⅶ－6**は1968年から2006年までのNYSEとアメリカン証券取引所（AMEX：American Stock Exchange）の上場銘柄のうち，小型株効果を取り除くために時価総額上位50%の銘柄のみを用いてPERで十分位を作り，PERの最も高い第Ⅹ十分位をグロース株ポートフォリオ，最も低い第Ⅰ十分位をバリュー株ポートフォリオとして，それぞれ5年間保有したときの年収益率の差をプロットしたものである．ほとんどの年において，低PERのバリュー株ポートフォリオが高PERのグロース株ポートフォリオをアウトパフォームしていることがわかる．株価指標としてPERを用いた場合，バリュー対グロースの収益率格差の平均は7.1%である．

同様の方法で，株価指標としてPERではなく，PCFRとPBRを用いた場合のグラフが**図Ⅶ－7**と**図Ⅶ－8**である．いずれもほとんどの年において，バリュー株ポートフォリオがグロース株ポートフォリオをアウトパフォームしていることがわかる．バリュー対グロースの収益率格差の平均は，PCFRを用いた場合は8.0%，PBRを用いた場合は8.1%である．

投資戦略の流行り廃り

ここで注目すべきは，PER，PCFR，PBRのいずれの指標を用いた場合でも，バリュー対グロースの5年間保有の収益率格差は循環的に変動しており，バリュー株のポートフォリオが相対的に低迷する期間が循環的に訪れているこ

図Ⅶ-6　5年間保有の収益率格差：PERによるバリュー対グロース

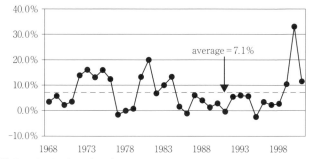

出所）Brandes Institute（2006）p. 16.

図Ⅶ-7　5年間保有の収益率格差：PCFRによるバリュー対グロース

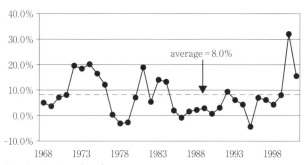

出所）Brandes Institute（2006）p. 16.

図Ⅶ-8　5年間保有の収益率格差：PBRによるバリュー対グロース

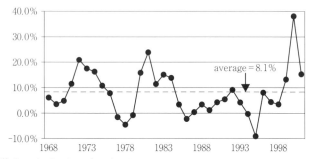

出所）Brandes Institute（2006）p. 9.

とである（図Ⅶ−6・図Ⅶ−7・図Ⅶ−8）．バリュー株ポートフォリオがグロース株ポートフォリオを数年にわたってアンダーパフォームする期間がある．

　言い換えると，バリュー投資戦略の優位性が低迷する期間が循環的に訪れており，低迷の後にはバリュー投資戦略が有効に機能している．これはどのように解釈すべきであろうか．証券市場は必ずしも効率的ではないという立場から，次のようなひとつの試論を提示してみたい．

　バリュー投資戦略を採る投資家が高い異常収益を上げることができるのは，証券価格評価の誤りが大きいとき，つまりミスバリュー度が大きいときである．このような状況が続くならば，証券市場にはバリュー投資戦略を採る投資家が増えていくだろう．そして，バリュー投資戦略を採る投資家が増えれば増えるほど，証券市場のミスバリュー度は縮小し，バリュー投資の優位性も低下し，バリュー投資は儲からなくなる．

　皮肉なことに，証券市場ではバリュー投資戦略が流行れば流行るほど，バリュー投資の優位性は失われていくのである．バリュー投資の優位性が失われると，やがてバリュー投資戦略を採る投資家は減少し，今度は証券市場におけるミスバリュー度が増大していく．誰もバリュー投資に見向きもしなくなったときこそ，バリュー投資戦略は高い異常収益を上げることができるのである．このように考えるならば，バリュー対グロースの収益率格差が循環的に変動するのは，投資戦略の流行り廃りのためであるといえるだろう．

5．結び

　Basu（1977）に始まるバリュー投資の優位性に関するアノマリー研究は，当初は効率的市場仮説の反証として始まった[11]．こうしたMPTの枠内で行われたアノマリー研究と，近年の行動ファイナンスの裁定不全アプローチは交錯していくのである．すなわち，前章で考察した株価の過剰反応と過小反応，本章で考察したバリュー投資の異常収益といったCAPMの市場ベータでは説明でき

ない多数のアノマリーが報告されてきた.

本章では，バリュー株効果と小型株効果に関する先駆的・代表的研究を考察し，この潮流の理論史を考察すると同時に，現実世界の非効率的な証券市場における株式投資にとって有用なエビデンスを整理した.

次に，バリュー投資の優位性の解釈を巡る効率的市場派と行動ファイナンス派の対立を考察した．すなわち，効率的市場派は，企業サイズやバリュー度をリスク・ファクターとして捉え，マルチ・ファクター・モデルによってバリュー投資の優位性を説明する．つまり，バリュー投資の異常収益はリスク・プレミアムにすぎないという立場である.

これに対して，行動ファイナンス派は，人間の認識の系統的な歪みや限定合理性に基づく投資家の過剰反応や過小反応に注目し，これが証券価格評価の系統的な誤りを引き起こすと主張する．この証券価格評価の誤りが，バリュー投資の異常収益の源泉であるとする立場である.

さらに本章では，バリュー対グロースの5年間保有ポートフォリオの収益率格差の循環的変動に注目し，バリュー投資戦略の優位性が低迷する期間が循環的に訪れており，低迷の後にはバリュー投資戦略が有効に機能していることを指摘した.

こうした現象の解釈として，証券市場は必ずしも効率的ではないという立場からひとつの試論を提示した．すなわち，証券市場においてバリュー投資戦略が流行れば流行るほど，証券価格評価の誤りの程度であるミスバリュー度は減少し，バリュー投資の優位性は失われていく．やがてバリュー投資戦略をとる投資家は減少し，今度は証券市場におけるミスバリュー度が増大していくことを指摘した．つまり，バリュー対グロースの収益率格差が循環的に変動するのは，投資戦略の流行り廃りのためであることを指摘した．現実世界の非効率的な証券市場において，歴史は繰り返すということである.

注)
1）Basu（1977）p. 663. 括弧内は引用者.
2）Banz（1981）
3）Reinganum（1981）も同様の指摘をしている.
4）Keim（1983）
5）Reinganum（1983）
6）Haugen and Lakonishok（1988）p. 43. 榊原他（1998）196 頁.
7）Thaler（2015）p. 221. 訳 310-311 頁. 引用部分は遠藤真美の訳文であるが，人名の表記は引用者である筆者が修正している. なお，引用文の中の「グレアムの戦略」とは，ベンジャミン・グレアムが提唱したバリュー投資戦略を指す. グレアムはプロの投資家であると同時に，コロンビア大学で証券分析の授業の教鞭を執っていた. その教え子の一人が，伝説の投資家のウォーレン・バフェットである.
8）鈴木（2004）31-32 頁.
9）Fama and French（1992）p. 450.
10）この定義は角田（2004a）142 頁に従う.
11）一月効果の研究史を考えれば，アノマリー研究はもっと昔に遡ることができる.

第Ⅷ章

GPIF の基本ポートフォリオの変更を巡って
——日本株組入れ比率の目安の変更をどう見るか

　本書では，第Ⅱ章において MPT（現代ポートフォリオ理論）の理論史を考察し，第Ⅵ・Ⅶ章では行動ファイナンスの 2 つの潮流のひとつである裁定不全アプローチの理論史を考察した．こうした考察を踏まえて，本章では 2014 年の GPIF（年金積立金管理運用独立行政法人）の基本ポートフォリオの変更について考える．

　黒田東彦日銀総裁が追加緩和策を発表した 2014 年 10 月 31 日の夕方に，約 130 兆円の公的年金を運用する GPIF はその基本ポートフォリオの変更を発表した．その内容は，日本株組入れ比率の目安を 12±6％から 25±9％に変更して，最大 34％まで日本株の組入れ比率を増やすことを可能とするものである．一方，無リスク資産（安全資産．ここでは国内債券がこれに該当する）での運用比率の目安は 60％から 35±10％（25％〜45％）に低下する．こうした運用比率の目安の変更によって，多額の日本株の買い需要が新たに発生することが予測される．

　こうした運用比率の目安の変更はどう評価されるべきか．本章では，①リスク資産比率の引き上げ（無リスク資産比率の引き下げ）と，②リスク資産の運用の在り方（12±6％から最大 34％まで，日本株運用比率を引き上げること）の 2 つの論点について，MPT および行動ファイナンスの観点から考察する．さらに，MPT と行動ファイナンスの対立を超えて，現代の証券投資論をどう捉えるべきか，独自の試論を提示する．

最後に，MPT の観点から個人投資家にとってもっとも合理的な投資法について言及する．

1. MPT の観点から GPIF の運用比率の見直しを考える

アセット・アロケーションと分離定理

第Ⅱ章で考察したように，Tobin（1958）は，ポートフォリオ選択においてリスク資産の最適ポートフォリオの決定と，リスク資産と無リスク資産のアセット・アロケーション（資産配分）の決定は，独立して行うことができるということを論理的に明らかにした．これはその後，トービンの分離定理と呼ばれるようになる．分離定理によれば，各投資家が決定すべきはアセット・アロケーションだけであり，リスク資産の最適ポートフォリオは万人に共通の一意的なものになる．

すなわち，リスク回避型の投資家はリスクの低い個別株式に投資するのではなく，リスク資産の比率を下げて，無リスク資産の比率を高めるアセット・アロケーションを選択する．この場合の無リスク資産とは，一般にデフォルト・リスクのない国債が想定される[1]．他方，リスク選好型の投資家はリスクの高い個別株式に投資するのではなく，リスク資産の比率を高めたり，自己資金に加えて借金をしてリスク資産の比率を高めたりしたアセット・アロケーションを選択する[2]．つまり，どれだけのリスクをとるかは，リスク資産と無リスク資産のアセット・アロケーションによって決定され，リスク資産の最適ポートフォリオは，リスク回避型の投資家でもリスク選好型の投資家でも同じものになる．これが Tobin（1958）の論理的帰結である．

したがって，MPT の中核をなすトービンの分離定理によれば，リスク資産と無リスク資産をどのような比率で保有するかというアセット・アロケーションは，各個人の選好や効用関数に依存する各個人の問題であり，一意的な解はない．

このため，GPIF の資産運用においてどれだけのリスクをとるかは，年金積立金の拠出者である国民の選好あるいは効用関数に依存すると考えられる．この意味で，GPIF の基本ポートフォリオのリスク資産比率の引き上げについては，MPT の観点からは一意的な解はない．しかし，可能な限り年金積立金の拠出者である国民の同意を得ることは必要であろう．今後拡大する年金支給額を確保するため，GPIF がリスク資産の運用比率をどこまで高めるべきか，国民的な合意形成が必要であろう．

MPT に基づくインデックス運用

分散投資の効率性を数学的に証明した Markowitz（1952），分離定理を提起した Tobin（1958），両者を踏まえて CAPM（資本資産評価モデル）を提案した Sharpe（1964）による理論は，MPT として 1960 年代半ばに確立される．MPT によれば，万人にとって，最適ポートフォリオは市場ポートフォリオである．したがって，最も優れた株式投資法は株式市場の忠実な縮小コピーを保有すること，すなわち各銘柄の時価総額で加重して分散投資を行うインデックス運用となる．MPT が機関投資家の証券投資において実践されるのは，1970年代以降の米国においてである．我が国において日経平均連動型のインデックス・ファンドが登場するのは 80 年代後半である．

しかし，米国株市場の市場平均や日本株市場の市場平均といった各国の株価指数に連動するインデックス・ファンドは，実は MPT に基づくインデックス運用ではない．MPT の想定する株式市場とは単一の国の株式市場ではなく，世界の株式市場である．したがって，MPT によれば，市場ポートフォリオとはグローバル市場ポートフォリオであり，MPT に基づくインデックス運用は，世界中の株式市場の各銘柄を，その時価総額で加重して分散投資を行う運用となる．

世界の株式市場に占める日本株市場の比率が 10% 程度であることに鑑みると，GPIF の基本ポートフォリオの日本株組入れ比率の目安が 12±6% から 25

±9％に変更されたことは，そのリスク資産の運用の在り方を日本株に過度に偏重させることに他ならない．このような変更は，MPTの観点からは望ましいとはいえない．これはMPTの研究成果を無視した運用といえる．GPIFの年金支給が日本円で行われることを考慮しても，リスク資産に占める日本株組入れ比率が20％を超えることは望ましくない．日本の株価を維持したり意図的に資産バブルを形成したりしようとする政治的意図がGPIFの運用に影響を与えているならば，そのツケを支払うのは将来の年金受給者である国民である．

2．MPT vs. 行動ファイナンスを超えて

バリュー株効果とサイズ効果

Sharpe（1964）の提案したCAPMは，その後の実証研究においては説明力が低かった．このため，個別銘柄の期待リスクプレミアムを説明するモデルとして，複数のファクターを説明変数とするマルチ・ファクターモデルが提案されてきた．たとえば，Fama and French（1993）は，個別銘柄の期待リスクプレミアムを，β値で示される市場リスク，企業サイズ（時価総額），簿価・時価比率で説明する3ファクターモデルを提案した．

本節では，MPT及び行動ファイナンスの観点からリスク資産運用としての株式運用について，Fama and French（2012）の計測した計数をもとに考察する．Fama and French（2012）は，先進23カ国を次の4地域に分けて分析している．すなわち，1．北米（カナダを含む），2．日本，3．アジア太平洋（オーストラリア，ニュージーランド，香港，シンガポール），4．欧州（オーストリア，ベルギー，デンマーク，フィンランド，フランス，ドイツ，ギリシア，アイルランド，イタリア，オランダ，ノルウェー，ポルトガル，スペイン，スウェーデン，スイス，イギリス）の4地域である．データの出所はブルームバーグ社であり，1990年11月から2011年3月までの245カ月分の米ドル建て

月次超過収益率である[3]．これを毎年6月末に時価総額で上位3%，3%超7%，7%超13%，13%超25%，25%超（時価総額下位75%）の銘柄に5区分して企業サイズの軸を作る．他方，時価総額上位90%の銘柄の簿価・時価比率で五分位を作成してPBRで計測したバリュー株効果の軸を作る．この2つの軸で5×5の25のポートフォリオを組成し，その月次超過収益率を計測している．

計測結果を年率換算して25のポートフォリオの超過収益率を，前記の4地域23カ国を集計したグローバル株式市場を考察してみる[4]．図Ⅷ−1はグローバル市場ポートフォリオの計測結果であるが，時価総額（企業サイズ）で計測した小型株効果とPBR（株価純資産倍率）で計測したバリュー株効果が観測できる．北米株式市場もほぼ同様の結果である（図Ⅷ−2）．これは米国株式市場の時価総額の巨大さや各国のグローバル企業が米国株式市場に上場していることを考慮すれば，自然なことであろう．

図Ⅷ−1　グローバル株式市場におけるバリュー株効果とサイズ効果

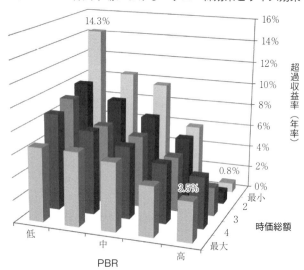

出所）Fama and French (2012) p. 462, Table 2, Panel A の計数を年率化して筆者作成．

図Ⅷ-2 北米株式市場におけるバリュー株効果とサイズ効果

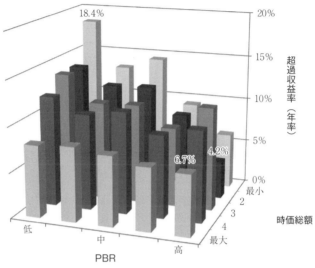

出所) 図Ⅷ-1に同じ．

図Ⅷ-3 欧州株式市場におけるバリュー株効果とサイズ効果

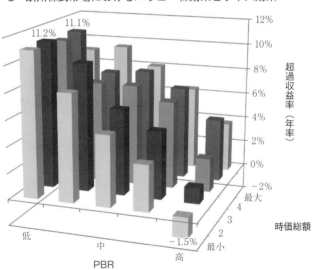

出所) 図Ⅷ-1に同じ．

図Ⅷ-4　アジア太平洋株式市場におけるバリュー株効果とサイズ効果

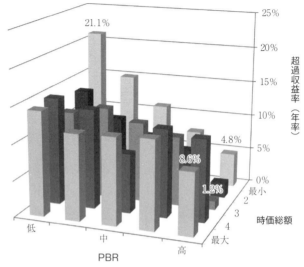

出所）図Ⅷ-1に同じ．

図Ⅷ-5　日本株式市場におけるバリュー株効果とサイズ効果

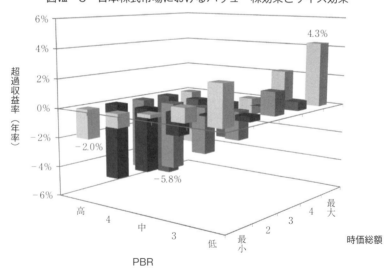

出所）図Ⅷ-1に同じ．

欧州株式市場はバリュー株効果が顕著であり，高 PBR のポートフォリオは収益率が低い（図Ⅷ−3）．アジア太平洋株式市場は時価総額が最小で最低 PBR のポートフォリオの収益率が最も高い（図Ⅷ−4）．図Ⅷ−5 は日本株式市場の計測結果であるが，低 PBR の一部のポートフォリオを除くと，超過収益率がマイナスになっているものが多い．1990 年代以降の日本株式市場はグローバル株式市場とは全く異なる結果となっている．図Ⅷ−1・図Ⅷ−2・図Ⅷ−3・図Ⅷ−4・図Ⅷ−5 から，日本株に偏重した株式ポートフォリオがグローバル市場ポートフォリオに劣ることがわかる．

モメンタムとサイズ効果

さまざまなマルチ・ファクターモデルが提案されてきたが，その中で最も有力なモデルは Carhart（1997）の提案した 4 ファクター・モデルである．これは個別銘柄の期待リスクプレミアムを，β 値で示される市場リスク，企業サイズ，簿価・時価比率，モメンタム（momentum）の 4 つのファクターで説明するモデルである．一般にモメンタムとは勢いのことであり，株価が上がった銘柄の株価はさらに上がり，下がった銘柄はさらに下がることをいう[5]．Carhart（1997）では，直近 1 カ月間を除く過去 1 年間の勝ち組ポートフォリオと負け組ポートフォリオの月次収益率の差をモメンタムとしている．

Fama and French（2012）は，前述した手法で毎年 6 月末に時価総額で五分位を作成して企業サイズの軸を作る．他方，前月までの 10 カ月間の累積月次超過収益率をラグ付モメンタム収益率として，その五分位を作成してモメンタムの軸を作る．この 2 つの軸で 5×5 の 25 のポートフォリオを組成し，その月次超過収益率を計測している．

図Ⅷ−6 はグローバル市場ポートフォリオの計測結果であるが，モメンタムと時価総額で計測した小型株効果が観測できる．モメンタムは小型株ほど顕著である．北米株式市場や欧州株式市場，アジア太平洋株式市場もほぼ同様の結果である（図Ⅷ−7・図Ⅷ−8・図Ⅷ−9）．

図Ⅷ-6 グローバル株式市場におけるモメンタムとサイズ効果

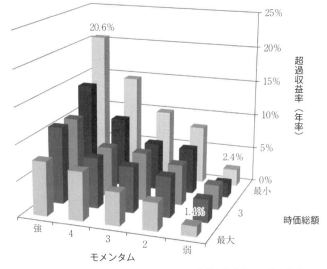

出所) Fama and French (2012) p. 463, Table 2, Panel B の計数を年率化して筆者作成.

図Ⅷ-7 北米株式市場におけるモメンタムとサイズ効果

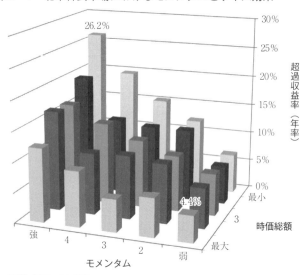

出所) 図Ⅷ-6に同じ.

図Ⅷ-8　欧州株式市場におけるモメンタムとサイズ効果

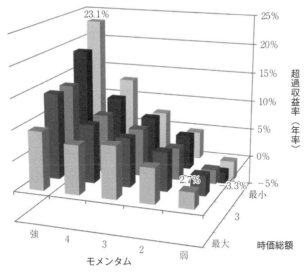

出所）図Ⅷ-6に同じ．

図Ⅷ-9　アジア太平洋株式市場におけるモメンタムとサイズ効果

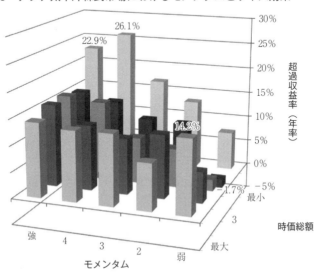

出所）図Ⅷ-6に同じ．

図Ⅷ-10　日本株式市場におけるモメンタムとサイズ効果

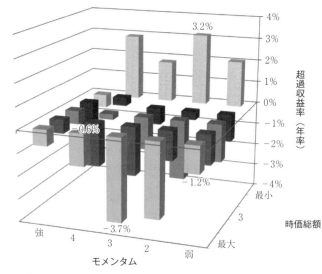

出所）図Ⅷ-6に同じ．

　図Ⅷ-10は日本株式市場の計測結果であるが，小型株効果は観測されるがモメンタムは観測されない[6]．図Ⅷ-6・図Ⅷ-7・図Ⅷ-8・図Ⅷ-9・図Ⅷ-10から，日本株に偏重した株式ポートフォリオがグローバル市場ポートフォリオに劣ることがわかる．

MPTと行動ファイナンスの対立を超えて

　Fama and French (2012) の事実発見など，小型株効果や，日本株市場を除く株式市場でバリュー株効果やモメンタムが観測されている．これについては相対立する2つの解釈がなされている．すなわち，効率的市場派は，こうした超過収益はCAPMの市場ベータだけでは説明できないが，マルチ・ファクターモデルを用いて市場ベータ以外のリスクによって説明できると主張して，効率的市場仮説を堅持している．このため小型株効果であれバリュー株効果であれ，超過収益は異常収益ではなく，リスクプレミアムであると解釈される．

これに対して，行動ファイナンス派は，限定合理性に基づく人間の認識の系統的な歪みや投資家の過剰反応や過小反応に注目する．投資家の証券価格評価に系統的な誤りが生じ，それがバリュー株効果やモメンタムの異常収益の源泉であると主張する．

　いずれの立場をとるべきか，もはや実証研究によって決着のつく問題ではない．しかし，立場の如何にかかわらず，こうした知見を GPIF の資産運用に役立てることは有益である．すなわち，近年の MPT 及び行動ファイナンス研究は，市場ポートフォリオは必ずしも最適ポートフォリオではないことを示唆している．これは現実の証券市場は効率的市場仮説の想定とは異なり効率的ではなく，したがって，市場ポートフォリオは効率的ポートフォリオではないということである．

　その場合でも，MPT の提示する一意的な解である市場ポートフォリオが，目指すべき効率的ポートフォリオの「たたき台」となる．これは，行動ファイナンス自体からは効率的ポートフォリオを導出できないということでもある．行動ファイナンスは人間の認知上のバイアスや証券市場のアノマリーを考察するものだが，証券投資論として MPT のように体系化されているわけではないし，今後もそうはならないだろう[7]．結局，MPT の提示する一意的な解であるグローバル市場ポートフォリオを「たたき台」として，MPT や行動ファイナンスの実証研究の知見を活用して，その市場ポートフォリオを改良して効率的フロンティアに近づける．これが GPIF の基本ポートフォリオの組成においても必要な工程である．

現代の証券投資論をどう捉えるべきか

　ここで本章のこれまでの考察を踏まえて，現実の株式市場が効率的市場仮説の想定する世界とは異なり効率的ではないとするならば，効率的市場派と行動ファイナンス派の対立を超えて，現代の証券投資論をどう捉えるべきかについて考察したい．

現実の株式市場が効率的市場仮説の想定する世界とは異なり効率的ではないならば，市場インデックスは効率的ポートフォリオの内側に位置することになる（図Ⅷ－11）．言い換えると，現実の株式市場が効率的ではないならば，市場インデックスは効率的ポートフォリオではないのである．

現実の株式市場が効率的ではないならば，PER，PBR，PCFR，配当利回り等のバリュー系株価指標などを駆使してポートフォリオを組むことによって，市場インデックスを上回るパフォーマンスを上げる可能性が存在する．あるいは，負け組ポートフォリオや裁定ポートフォリオを組むことによって，市場インデックスを上回るパフォーマンスを上げる可能性が存在する．

証券価格評価の誤りの程度をミスバリュー度と定義するならば，負け組ポートフォリオの超過収益や勝ち組ポートフォリオのマイナスの超過収益，あるいは両ポートフォリオの収益率の平均回帰は，何らかのミスバリュー度によって説明できるかもしれない．バリュー投資の優位性はCAPMの市場ベータでは

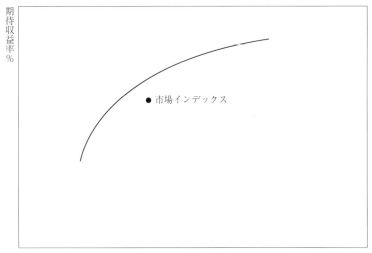

図Ⅷ－11　効率的フロンティアの内側の市場インデックス（図Ⅲ－2を再掲）

出所）Haugen（1999）p.18, Figure 2.2A を基に筆者作成．

説明できないが，まだ解明されていないミスバリュー度によって説明すること
ができるかもしれない.

限定合理性に基づく人間の認識の系統的な歪みや限定合理的な投資家心理に
注目するならば，投資家の認識するリスクと実際のリスクには相違が生じるこ
とがわかる[8]．非効率的な現実の株式市場におけるこの相違こそ，市場にアノマ
リーをもたらしているといえるだろう.

したがって，ミスバリュー度を広義のリスクに含めるならば，効率的市場派
と行動ファイナンス派の対立を超えて，行動ファイナンスは MPT を特殊ケー
スとして包括しうる，より一般的な理論であると位置づけることができる．効
率的な証券市場という想定は，現実の非効率的な証券市場の特殊ケースにすぎ
ないからである.

3. 結びに代えて──個人投資家のための合理的投資法

GPIF は 2020 年 3 月 31 日に 2020 年度からの新たな基本ポートフォリオを
発表し，海外資産の割合を 50％まで引き上げた．実に 5 年半ぶりの基本ポー
トフォリオの変更である．すなわち，国内債券 25％（±7％），国内株式 25％
（±8％），外国債券を 25％（±6％），外国株式 25％（±7％）とする形で資産
構成割合を改訂した[9]．しかし，MPT の観点からは，GPIF の基本ポートフォ
リオのリスク資産の運用は依然として日本株に偏重しているといえる.

最後に，MPT の観点から個人投資家ための合理的投資法について言及して
結びに代えたい.

第一に，リスク資産と無リスク資産をどのような比率で保有するかというア
セット・アロケーション（資産配分）は，各個人の選好に依存する各個人の問
題であり，一意的な解はない．このため株式や債券だけでなく商品や不動産，
さらには人的資本も含めた保有資産を時価評価して総資産と総負債を明確にし，自らの年齢や今後のキャッシュ・フロー（キャッシュ・イン・フローとキ

ャッシュ・アウト・フロー）などのライフプランを考慮しながら，最初にアセット・アロケーションを決めなければならない．

　実際に個人の利用できる無リスク資産としては，日本国政府が発行する個人向け国債（金利変動型10年物）が優れている．これは2003年3月から発行が始まった特殊な国債であり，購入対象者を個人に限定し，実勢金利を反映して適用金利が変動するものである．これを利用することによって，預貯金ではヘッジすることができないインフレリスクをある程度はヘッジすることができる[10]．

　第二に，リスク資産をどのように運用するか，外国株式・国内株式・債券・不動産（不動産投資信託）といった各アセット・クラスの配分比率を決める必要がある．

　第三に，株式運用であるが，グローバル市場ポートフォリオによる運用を行うのが望ましい．情報が少なく為替リスクのある外国株への投資を避けることは，自己の投資を効率的ポートフォリオの内側に置くことに他ならない．世界の株式市場の縮小コピーとなるようなグローバル市場ポートフォリオを組成することが肝要である．

　かつては外国株のETFを組み合わせることによって，グローバル市場ポートフォリオを組成する必要があったが，現在では日本国居住者にとってもっと手軽な方法がある．それはグローバル市場ポートフォリオとして，「eMAXIS Slim全世界株式（オール・カントリー）」という投資信託を利用することだ．これは世界の株式市場の縮小コピーのような投資信託であり，日本の証券会社を通じて売買できる．この投資信託はノーロード（販売手数料が無料）で販売されていて，年間の信託報酬が極めて安い．

　なお，デフォルト・リスクを抑えるために，利用する証券会社を分散することも重要である．国内証券会社は顧客からの預かり資産と自己資産の分別管理が義務づけられているが，現実問題として，倒産するような証券会社に適正な分別管理を期待することはできないであろう．国内証券会社であれば，日本投

資者保護基金により1人1,000万円までは顧客の資産は法的に保護されるが，外国証券会社の場合は保護されないことにも留意すべきである．

注)

1) もちろん，リスクのない国債など現実世界には存在しない．しかし，米国の経済経営系の学会では，月次データを用いてドル建てで投資パフォーマンスを計測する場合には，無リスク金利として1カ月物米国財務省証券の市場利回りを用いることが一般的である．すなわち，一次近似として短期の米国財務省証券を無リスク資産であると想定するということである．

2) 借金をしてリスク資産の比率を高める方法としては，信用取引によるリスク資産の買い建てが挙げられる．

3) 無リスク金利は1カ月物米国財務省証券の市場利回りであり，出所はシカゴ大学証券価格研究センターである．

4) Fama and French（2012）では，簿価・時価比率で考察しているが，本章ではそれを我が国で馴染み深いPBR（株価純資産倍率）に変換して考察する．

5) モメンタムを最初に発見したのはJegadeesh and Titman（1993）であることは，第Ⅵ章第2節で前述した．

6) 日本株式市場においてモメンタムが観測されないことについては，本書の第Ⅵ章第2節で前述した．

7) 行動ファイナンスのアノマリー（効率的市場仮説では説明できない変則的事象）研究は，MPTの提示する一意的な解を規範とし，規範からの逸脱がどのようにして起こるのかを考察する．このため，それは原理的に規範を必要とする．行動ファイナンス派にはやや厳しい言い方になるが，少なくとも現状では，証券市場に関する行動ファイナンスの知見は，バイアスのコレクションにすぎないといえるかもしれない．しかし，より良い社会の実現を目指して，望ましい市場や諸制度を設計する上で，行動ファイナンスの知見は極めて重要であることは言うまでもない．行動ファイナンスをはじめとする行動科学の知見を公共政策に取り入れる動きは保守党政権下の英国でいち早く始まり，民主党政権下の米国でも2015年9月15日に行動科学の知見を公共政策に活かすべしとする大統領令が発令されている．この大統領令についてはホワイトハウスのホームページで確認できる（The White House, Office of the Press Secretary "Executive Order -- Using Behavioral Science Insights to Better Serve the American People," September 15, 2015. https://www.whitehouse.gov/the-press-office/2015/09/15/executive-order-using-behavioral-science-insights-better-serve-american）．

8) Thaler（2002: 165）によれば，「他の分野においては，実際のリスクと，認識されるリスクの間には違いがあるという証拠は，かなり多く存在している．たと

えば，米国で殺人によって死ぬリスクは，糖尿病や胃ガンで死ぬリスクより高い
と思われがちだが，実際の年間死亡者数はそれぞれ，順に1万8,000人，3万
9,000人，9万5,000人である（Slovic, Fischhoff, and Lichtenstein, 1982）.」（訳
281頁）

9）年金積立金管理運用独立行政法人（2020）

10）ただし，個人向け国債（金利変動型10年物）の中途換金には一定の制約があ
るし，国債の発行者である日本国が破綻するリスクがないわけではない．理論の
世界とは異なり，現実の世界には全くリスクのない金融商品など存在しない．

第IX章
ポストCAPMの
ファクターモデル

　1964年にシャープが提案したCAPM（資本資産評価モデル）は，その後の米国の実証研究においては説明力が低かった．すなわち，個別銘柄あるいは各ポートフォリオの期待収益率を市場リスクによって説明しようとする実証研究が盛んに行われてきたが，その結果はCAPMの説明力は低いというものであった．米国のアカデミズムは，CAPMでは説明できないアノマリー（変則的事象）を説明する必要に迫られた．

　このため，個別銘柄あるいは各ポートフォリオの期待収益率を説明するモデルとして，複数のファクターを説明変数とするマルチ・ファクターモデルが提案されてきた．

　本章では，まずポストCAPMと位置づけられる，いくつかの代表的なファクターモデルを考察する．すなわち，Fama and French（2015）によって提示された5ファクターモデルに至るまでの，ファクターモデルの理論史を考察する．

　次に，代表的なファクターモデルを用いて行われた米国の先駆的な実証研究を検討し，期待収益率と各指標の関係の観点から，米国株市場におけるエビデンスを整理する．これは，個人であれ年金基金であれ，株式のグローバル運用を行う際には有益な知見となるだろう．

　最後に，近年の米国の実証研究では，ファクターとして会計データである利益率が重視されていることを踏まえて，投資指標としてのROEについても考

察する.

1．ファクターモデルの展開

3ファクターモデルと4ファクターモデル

Fama and French（1993）は，（IX-1）式で示されるような3ファクターモデルを提案した．すなわち，i銘柄の期待収益率を，市場リスク・プレミアム *MKT*，時価総額で測った企業サイズ *SMB*（Small Minus Big），簿価／時価比率で測ったバリュー *HML*（High Minus Low）の3つのファクターで説明するモデルを提案した．

$$R_{it} - R_{Ft} = \alpha_i + \beta_i^{MKT}(R_{Mt} - R_{Ft}) + \beta_i^{SMB} SMB_t + \beta_i^{HML} HML_t + \varepsilon_{it} \cdots\cdots\cdots\cdots\text{（IX-1）}$$

R_{it}：t期のi銘柄の期待収益率，R_{Ft}：t期の無リスク金利，

R_{Mt}：t期の市場収益率，α_i：i銘柄の切片項，

β_i^{MKT}：i銘柄の市場リスク・プレミアムに対する回帰係数,

β_i^{SMB}：i銘柄の企業サイズ・ファクターに対する回帰係数,

β_i^{HML}：i銘柄のバリュー・ファクターに対する回帰係数,

ε_{it}：t期のi銘柄の誤差項

ここでは（IX-1）式を，i銘柄の期待収益率を説明するモデルとして提示したが，これをポートフォリオiの期待収益率を説明するモデルとして解釈することもできる．後述するファクターモデルはいずれも，個別銘柄の期待収益率を説明するモデルとしても，あるいは個別のポートフォリオの期待収益率を説明するモデルとしても使われる．

（IX-1）式の企業サイズ・ファクター *SMB* は次のように計測される．すなわち，投資ユニバースにおいて，毎年6月末に時価総額下位30％の銘柄群のポートフォリオ（Small）と，上位30％の銘柄群のポートフォリオ（Big）を組成

し，それぞれ各銘柄の時価総額で加重平均した月次収益率を算出し，前者から後者を差し引いた差（Small Minus Big）を計測したものである．

（IX-1）式のバリュー・ファクター *HML* は次のように計測される．すなわち，毎年6月末に簿価／時価比率上位30％の銘柄群のポートフォリオ（High）と，下位30％の銘柄群のポートフォリオ（Low）を組成し，それぞれ各銘柄の時価総額で加重平均した月次収益率を算出し，前者から後者を差し引いた差（High Minus Low）を計測したものである．

Fama and French（1993）は，3ファクターモデルがCAPMよりも期待収益率の説明力が高いことを指摘している．

その後も様々なマルチ・ファクターモデルが提案されてきたが，その中で今日まで最も有力なモデルのひとつは，Carhart（1997）の提案した4ファクターモデルである．これは（IX-2）式に示されるように，i 銘柄の期待収益率を，市場リスク・プレミアム *MKT*，企業サイズ *SMB*，バリュー *HML*，およびモメンタム *MOM* の4つのファクターで説明するモデルである．

$$R_{it} - R_{Ft} = \alpha_i + \beta_i^{MKT}(R_{Mt} - R_{Ft}) + \beta_i^{SMB} SMB_t + \beta_i^{HML} HML_t + \beta_i^{MOM} MOM_t + \varepsilon_{it}$$

$$\cdots\cdots\cdots\cdots（IX-2）$$

β_i^{MOM}：i 銘柄のモメンタム・ファクターに対する回帰係数

一般にモメンタムとは勢いのことであり，株価が上がった銘柄の株価はさらに上がり，下がった銘柄はさらに下がることをいう．Carhart（1997）では，直近1カ月を除く過去12カ月間（1カ月スキップの11カ月間）の勝ち組ポートフォリオの月次収益率から負け組ポートフォリオの月次収益率を差し引いた差をモメンタム・ファクターとしている．ここで勝ち組ポートフォリオとは，投資ユニバースにおける株式投資収益率上位30％の銘柄群を指し，負け組ポートフォリオとは収益率下位30％の銘柄群を指す．

最近まで米国のアカデミズムや資産運用業界においては，Fama and French

(1993) の 3 ファクターモデルや，Carhart（1997）の 4 ファクターモデルが有力であった．

Novy-Marx の 5 ファクターモデル

Novy-Marx（2013）は，モメンタム・ファクターと収益性ファクターを加えた 5 ファクターモデルを提示した．これは（IX-3）式に示されるように，i 銘柄の期待収益率を，市場リスク・プレミアム MKT，企業サイズ SMB，バリュー HML，モメンタム MOM，および収益性 PMU の 5 つのファクターで説明するモデルである．

$$R_{it} - R_{Ft} = \alpha_i + \beta_i^{MKT}(R_{Mt} - R_{Ft}) + \beta_i^{SMB} SMB_t + \beta_i^{HML} HML_t + \beta_i^{MOM} MOM_t + \beta_i^{PMU} PMU_t + \varepsilon_{it}$$
$$\cdots\cdots\cdots\cdots（\text{IX-3}）$$

β_i^{MOM}：i 銘柄のモメンタム・ファクターに対する回帰係数，
β_i^{PMU}：i 銘柄の収益性ファクターに対する回帰係数

（IX-3）式のモメンタム・ファクター MOM は次のように計測される．すなわち，直近 1 カ月を除く過去 12 カ月間（1 カ月スキップの 11 カ月間）を組成期間として勝ち組ポートフォリオと負け組ポートフォリオを組成し，それぞれ各銘柄の時価総額で加重平均した累積月次収益率を算出し，前者から後者を差し引いた差をモメンタム・ファクターとしている．ここで勝ち組ポートフォリオとは，投資ユニバースにおける累積月次収益率上位 30％の銘柄群を指し，負け組ポートフォリオとは累積月次収益率下位 30％の銘柄群を指す．

（IX-3）式の収益性ファクター PMU は次のように計測される．すなわち，投資ユニバースにおいて，毎年 6 月末に売上総利益／総資産（Gross Profits-to-Assets）比率上位 30％の銘柄群のポートフォリオ（Profitable）と，下位 30％の銘柄群のポートフォリオ（Unprofitable）を組成し，それぞれ各銘柄の時価総額で加重平均した月次収益率を算出し，前者から後者を差し引いた差

（Profitable Minus Unprofitable）を計測したものである．

Fama and French の 5 ファクターモデル

Fama and French（2015）は，収益性の頑健性ファクターと投資負担ファクターを加えた 5 ファクターモデルを提示した．これは（IX-4）式に示されるように，i 銘柄の期待収益率を，市場リスク・プレミアム MKT，企業サイズ SMB，バリュー HML，収益性 RMW，および投資負担 CMA の 5 つのファクターで説明するモデルである．

$$R_{it} - R_{Ft} = \alpha_i + \beta_i^{MKT}(R_{Mt} - R_{Ft}) + \beta_i^{SMB} SMB_t + \beta_i^{HML} HML_t + \beta_i^{RMW} RMW_t + \beta_i^{CMA} CMA_t + \varepsilon_{it}$$
$$\cdots\cdots\cdots\cdots\quad (\text{IX-4})$$

β_i^{RMW}：i 銘柄の収益性ファクターに対する回帰係数，
β_i^{CMA}：i 銘柄の投資負担ファクターに対する回帰係数

（IX-1）式の 3 ファクターモデルに，新たに加えられた収益性ファクター RMW は次のように計測される．すなわち，投資ユニバースにおいて，毎年 6 月末に前年 9 月末（米国の会計年度末）の支払利息控除後営業利益を純資産簿価で割った会計データを算出し，これを収益性（Operating Profitability）とする．収益性が頑健な 30％の銘柄群のポートフォリオ（Robust）と収益性が脆弱な 30％の銘柄群のポートフォリオ（Weak）を組成し，それぞれ各銘柄の時価総額で加重平均した月次収益率を算出し，前者から後者を差し引いた差（Robust Minus Weak）を計測したものである．

（IX-4）式の投資負担ファクター CMA は次のように計測される．すなわち，投資ユニバースにおいて，毎年 6 月末に前々年 9 月末から前年 9 月末までの総資産の変化率を計測する．総資産の変化率下位 30％の銘柄群のポートフォリオ（Conservative）と，上位 30％の銘柄群のポートフォリオ（Aggressive）を組成し，それぞれ各銘柄の時価総額で加重平均した月次収益率を算出し，前者か

ら後者を差し引いた差（Conservative Minus Aggressive）を計測したものである.

（Ⅸ-4）式の5ファクターモデルは，効率的市場仮説とは相性の悪いモメンタム・ファクターを除外している．さらに，Fama and French（2015）は，「5ファクターモデルは，HML を除外した4ファクターモデルと較べて平均収益率を説明する上で全く改善していない[1]」といい，「5ファクターモデルにおいて，少なくとも1963～2013年の米国のデータでは，平均収益率を説明する上で HML は余分である[2]」と指摘している．すなわち，「高い平均収益率は，$R_M - R_F$，SMB，および特に RMW と CMA によって完全に捉えることができるという意味で，HML は余分なファクターであるということを，我々の（実証研究の）結果は示唆している[3]」という.

このように期待収益率の変動を説明する際に，過去の株価の変動というモメンタム・ファクターのみならず，バリュー・ファクター HML も除外して，市場リスク・プレミアム MKT，企業サイズ SMB，収益性 RMW，および投資負担 CMA といったファクター（RMW と CMA は会計データである）で説明しようとするのが近年の効率的市場派の潮流といえる[4]．とりわけ Fama and French（2015）が，HML は余分なファクターであると主張していることは，行動ファイナンス派との対立を鮮明にしているといえるだろう.

2．米国株市場におけるエビデンスの整理

総資産粗利率と小型株効果とバリュー株効果

本節では，Novy-Marx（2013）および Fama and French（2015）を基に，期待収益率と各指標の関係の観点から，米国株市場におけるエビデンスを整理する.

Novy-Marx（2013）は，1963年6月から2010年12月までの金融業を除く米国株市場の株価データと会計データを用いて，各ファクターと月次超過収益率を分析している[5].

第Ⅸ章　ポストCAPMのファクターモデル　113

　Novy-Marx (2013) は，時価総額で五分位を作成して小型株効果の軸をつくる．他方，総資産粗利率で五分位を作成して利益率の軸をつくる．この2つの軸で5×5の25のポートフォリオを組成し，その月次超過収益率を計測している．図Ⅸ-1は計測結果を年率換算して25のポートフォリオの超過収益率を見たものだが，小型株効果とともに，総資産粗利率が高いポートフォリオほど株式投資収益率が高いことがわかる．

　次に，Novy-Marx (2013) は，各銘柄の簿価／時価比率（B/P; PBRの逆数）で五分位を作成してB/Pの軸をつくる[6]．他方，総資産粗利率で五分位を作成して利益率の軸をつくる．この2つの軸で5×5の25のポートフォリオを組成し，その月次超過収益率を計測している．図Ⅸ-2は計測結果を年率換算して25のポートフォリオの超過収益率を見たものだが，PBRで測ったバリュー株効果が観測されるとともに，総資産粗利率が高いポートフォリオほど株式投資収益率が高いことがわかる．

図Ⅸ-1　総資産粗利率と時価総額で分位

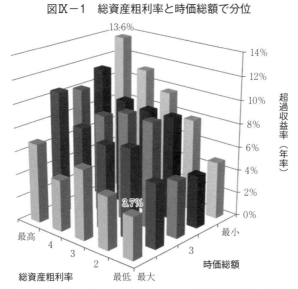

出所) Novy-Marx (2013) p. 8, Table 4, Panel A の計数を年率化して筆者作成．

図IX-2　総資産粗利率とPBRで分位

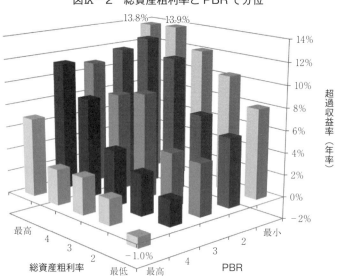

出所）Novy-Marx（2013）p. 10, Table 6, Panel A の計数を年率化して筆者作成.

バリュー株効果と収益性と投資負担

　Fama and French（2015）は，1963年6月から2013年12月までの606カ月の米国株市場の株価データと会計データを用いて，各ファクターと月次超過収益率を分析している．毎年6月末にNYSE（ニューヨーク証券取引所）の時価総額の中央値で大型株と小型株に2等分する．大型株と小型株のそれぞれにおいて，次の作業を行う．すなわち，前年12月末の株式時価総額と前年9月末（米国の会計年度末）の各銘柄の純資産簿価で，各銘柄の簿価／時価比率（B/P）を計測する．これで四分位を作成してB/Pの軸をつくる．毎年6月末に前年9月末の支払利息控除後営業利益を純資産簿価で割って収益性を計測する．これで四分位を作成して収益性の軸をつくる．毎年6月末に前々年9月末から前年9月末までの総資産の変化率を計測して，これを投資負担とする．これで四分位を作成して投資負担の軸をつくる．

　図IX-3は大型株と小型株に2等分せずに，PBRと時価総額でそれぞれ五

図Ⅸ-3　PBRと時価総額で分位

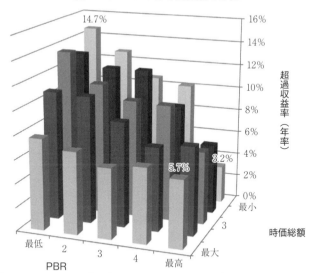

出所）Fama and French (2015) p.3, Table 1, Panel A の計数を年率化して筆者作成.

分位を作成して，この2つの軸で5×5の25のポートフォリオを組成して，バリュー株効果と小型株効果を見たものである．PBRで測ったバリュー株効果と小型株効果が観測される．

そこで小型株に限定して，PBR，収益性，投資負担（総資産の変化率）と，株式投資の年率換算収益率を考察しよう．**図Ⅸ-4**はPBRの軸と収益性の軸でそれぞれ四分位を作成して，4×4の16のポートフォリオを組成して，バリュー株効果と収益性効果を見たものである．バリュー株効果と同時に，収益性が高いポートフォリオの投資収益率が高いことがわかる．

図Ⅸ-5はPBRの軸と投資負担の軸でそれぞれ四分位を作成して，4×4の16のポートフォリオを組成して，バリュー株効果と投資負担の株式投資収益率に与える影響を見たものである．バリュー株効果とともに，投資負担が少ない，すなわち総資産成長率が低いポートフォリオの投資収益率が高いことがわかる．

図Ⅸ-4　小型株：PBRと収益性で分位

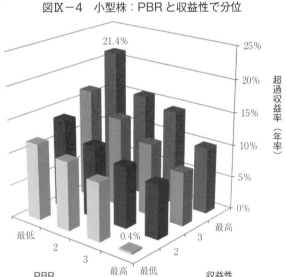

出所）Fama and French（2015）p. 5, Table 2, Panel Aの計数を年率化して筆者作成.

図Ⅸ-5　小型株：PBRと投資負担で分位

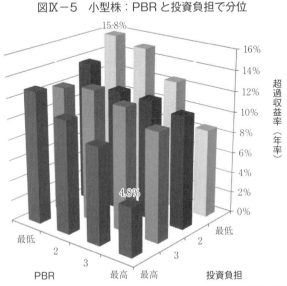

出所）Fama and French（2015）p. 5, Table 2, Panel Bの計数を年率化して筆者作成.

図Ⅸ-6 小型株：収益性と投資負担で分位

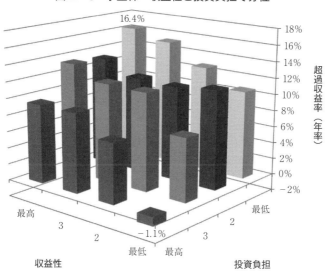

出所）Fama and French (2015) p. 5, Table 2, Panel C の計数を年率化して筆者作成.

図Ⅸ-6は収益性の軸と投資負担の軸でそれぞれ四分位を作成して，4×4の16のポートフォリオを組成して，収益性と投資負担の株式投資収益率に与える影響を見たものである．収益性が高いポートフォリオの投資収益率が高いと同時に，投資負担が少ない，すなわち総資産成長率が低いポートフォリオの投資収益率が高いことがわかる[7]．

3．結びに代えて──投資指標としてのROE

本章では，ポストCAPMと位置づけられる，いくつかの代表的なファクターモデルを考察し，期待収益率と各ファクターの関係の観点から，米国株市場におけるエビデンスを整理した．その結果，近年の米国の実証研究において，ファクターとして利益率等の会計データが重視されていることを指摘した．

他方，ウォーレン・バフェットの投資法の研究は「バフェトロジー」とも呼

ばれ，バフェットがポートフォリオの銘柄選択においてROE（株主資本利益率）を重視したといわれる[8]．投資指標としてのROEをどうみるか．投資指標としての利益率について考察することによって，結びに代えたい．

Fama and French（2015）が注目した収益性は，支払利息控除後営業利益を純資産簿価で割った会計データであり，実績ROEに近い概念である．他方，Novy-Marx（2013）の注目した指標は総資産粗利益率であり，ROEよりはROA（総資産利益率）の概念に近い．長期的には，株式市場はそこそこ効率的であるので，米国の実証研究において，投資収益率の変動の一部が実績ROEの変動で説明されることは決して不思議なことではない．

個人であれ年金基金であれ，投資家が投資戦略を考える上で留意すべきは，投資指標としてのROEには致命的な欠陥があることだ．安達（1997）が指摘するように，ROEの分母は簿価であるが，「これに対して株式投資は，いうまでもなく時価で行う．……／したがって，株主に真に顔を向けるためには，株主の期初の投資額つまり株式時価総額に対する将来の収益率を問題にする必要がある.」[9]

もっともBuffett and Clark（2001）も，「買値こそ投資収益率の鍵を握る」（第10章）とか，「なぜ安値で買うことが大切なのか」（第8章）と力説しているので，バフェットがROEを偏重したと捉えるのは誤りである．

投資とは将来に向けて行われるものであり，会計データとしての実績ROEは過去の結果にすぎない[10]．実証研究の成果を読む上では，この点に十分に留意しなければならない．

注）
1) Fama and French（2015）p. 12.
2) Fama and French（2015）p. 12.
3) Fama and French（2015）p. 19. 括弧内は引用者による補足.
4) 津田・吉野（2016）によれば，「近年のファクターモデルの潮流として，株式リターンをファンダメンタルズ要因で説明することと，それにより根拠を高める

第IX章　ポストCAPMのファクターモデル　119

5）データの出所はCRSP（シカゴ大学証券価格研究センター）とCompustat社である．無リスク金利は1カ月物米国財務省証券の市場利回りであり，月次超過収益率とは無リスク金利を上回る月次の投資収益率を指す．なお，本書で後掲する図では，直感的に理解しやすい年率に換算してグラフを作成している．

6）Novy-Marx（2013）やFama and French（2015）では，簿価／時価比率で考察しているが，本章ではそれを我が国で馴染み深いPBR（株価純資産倍率）に変換して考察する．

7）なお，Fama and French（2017）は2015年論文で提示した5ファクターモデルを用いて，北米，欧州，日本，アジア太平洋の各国株式市場の各ファクターと平均月次超過収益率を考察している．Fama and French（2017）では，分析に用いられたデータが1990年6月から2015年12月まで月次データであるため，日本の株式市場の期待リターンが低く，我が国の「失われた20年」を象徴しているような分析結果となっている．

8）Buffett and Clark（2001）訳　第13章「バフェットが高ROE企業を好む理由」を参照．

9）安達（1997）100頁．

10）この点については，機会費用に基づく株主重視経営とサンクコスト（埋没費用）に基づくROE経営の矛盾を指摘した亀川（2017）を参照されたい．

第Ⅹ章
行動ファイナンスと投資家心理
——基礎理論の概観と選択・評価のバイアス

　第Ⅴ章で指摘したように，行動ファイナンス研究には２つの潮流がある．そのひとつは認知心理学を応用したアプローチであり，カーネマンとエーモス・トゥベルスキーが提起したプロスペクト理論は有名である．

　米国の現代心理学の主流である認知心理学では，理論の想定する環境を実験室の中に設定し，人間を被験者としてデータ収集して理論の統計的な検証を行う．こうした研究は，本来，ファイナンス分野にとどまるものではなく，行動ファイナンス研究のもうひとつの潮流である裁定不全アプローチにミクロ的基礎を与えるものといえる．本章および次章では，認知心理学を応用した行動ファイナンスのアプローチを考察する．

　認知的不協和（cognitive dissonance）とは，アメリカの社会心理学者であるレオン・フェスティンガーによって提唱された概念であり，人間がある認知要素と矛盾した認知要素に遭遇した際に感じる不協和を低減しようとする心理状態を指す．人間は認知的不協和を低減するために無意識にバイアスのかかった意思決定を行う[1]．

　バイアスは，プロスペクト理論と呼ばれる選好の基礎理論（価値関数，ウェイト関数，フレーミング効果など）によって説明される選択と評価のバイアス，ヒューリスティック（代表性，利用可能性，アンカリングなど）といわれる認知上のバイアス，信念形成におけるバイアス（自信過剰，自己正当化，群集行動など集団におけるバイアスなど）の３つに大別できる[2]．

第X章　行動ファイナンスと投資家心理　121

　本章では選択と評価のバイアスを中心に，株式投資の観点から考察する．す
なわち，まず主流派経済学における不確実性下の意思決定論として期待効用理
論を考察し，次に期待効用理論と対比しながらプロスペクト理論を概観し，選
択と評価のバイアスを整理する．

1．期待効用理論

サンクト・ペテルブルクのパラドックス

　主流派経済学では，これまで不確実性下の意思決定を，期待効用理論やゲー
ム理論といった規範理論で考察してきた[3]．しかし，こうした規範理論では，現
実世界の人間行動をうまく描写できないばかりか，期待効用理論の公理を侵犯
する頑健な人間行動が観察されてきた．そこで，心理学分野では人間行動の記
述を重視し，規範理論の欠点を補う記述理論としてプロスペクト理論が提起さ
れるようになる．本章では，プロスペクト理論を検討する前に，まず期待効用
理論とその公理について整理する．

　効用概念の起源は，18世紀の前半まで遡ることができる．スイス人学者の
ニコラス・ベルヌーイは，1713年に次のような問題を提示した．すなわち，
ピーターは表が出るまでコインを投げ続けるゲームを行う．ゲームは表が出た
時点で終了となり，金銭が支払われる．もし1回目に表が出たら，ピーターは
ポールに1ダカット金貨を支払い，もし2回目に表が出たら2ダカットを支払
い，もし3回目に表が出たら4ダカットを支払うというように，コイン投げが
1回追加されるごとにピーターがポールに支払う金貨の枚数は倍増していく．
このゲームで相当の利益を受ける立場にいるポールは，一体いくらでこの権利
を譲り渡すであろうか[4]．

　コイン投げで表の出る確率は2分の1であるから，ポールの受け取る金額の
期待値 W は次式で表すことができる．

$$W = \frac{1}{2} \cdot 1 + \frac{1}{4} \cdot 2 + \frac{1}{8} \cdot 4 + \cdots + \frac{1}{2^n} \cdot 2^{n-1}$$

$$W = \sum_{n=1}^{\infty} \frac{1}{2^n} \cdot 2^{n-1} = \frac{1}{2} \sum_{n=1}^{\infty} \frac{1}{2^{n-1}} \cdot 2^{n-1} = \frac{1}{2} \sum_{n=1}^{\infty} 1 = \infty$$

ポールの受け取る金額の期待値 W は発散して無限大になってしまう.

　それでは，ポールは莫大な金銭を積まれても，このゲームの賞金を受け取る権利を譲り渡さないであろうか．あるいは，ポールからこの権利を譲り受けるために，人びとは莫大な金銭を積むであろうか．そうではないことは，直感的にわかるだろう．これはサンクト・ペテルブルクのパラドックス（St. Petersburg paradox）と呼ばれる[5].

　その 25 年後の 1738 年に，この問題に効用概念を用いてアプローチした論文が発表された．その著者は，ニコラス・ベルヌーイの従兄弟に当たるダニエル・ベルヌーイである．彼は当時 38 歳のスイス人の数学者であった．『サンクト・ペテルブルク王室科学アカデミー』誌に掲載された「リスク測定の新理論の展開」と題するこの論文はラテン語で書かれたものだが，すでに 1931 年にアカデミーに提出されていたという[6]．この論文は次のような文章から始まる.

　　「数学者がリスク測定の研究を始めて以来，次のような命題が一般的に認められてきた．すなわち，期待値は生起する各収益にそれが生起する回数を掛け合わせ，その積の合計を生起する事例の総回数で割ることによって算出される．この理論では，同じ確率のすべての事例を考察することが要請される．この規則を受け容れるならば，この理論の枠組みにおいてすべきことは，すべての選択肢の数を数え上げ，それを確率の等しい事例に分類し，最後に対応する等級に分類するだけである[7].」

ダニエル・ベルヌーイはこうした理論を批判し，次のように主張した.

　　「同一のリスクに遭遇した二人のうち，どちらかが自分の欲望をきっちりと満たそうとする．二人が予期するリスクが等価値であると考えなければならない理由は何もない[8].」

「効用は価値評価を行う個人の独自の環境に依存している．このため，た
とえ同じ金額の利得であっても，1,000 ダカットの利得は金持ちよりも貧
民にとってより重要であるだろう.[9]」

彼は，人びとはリスクに対して異なる信念を持つと考えたのである．これはき
わめて重要な指摘である．もし人びとがリスクに対して同じ信念を持つなら
ば，例外的なケースを除けば，リスク資産の取引など生じないであろう．

ダニエル・ベルヌーイは，彼の効用概念を次のように整理している．

「生起する各期待収益にそれが生起する回数を掛け合わせ，その積の合計
を生起する事例の総回数で割れば，平均効用が得られる．この効用に対応
する収益が当該リスクの値に等しい．／かくして効用を考慮せずにリスク
の値を測定することはできないことが明らかになる.[10]」

ここでいう効用とは，各個人にとっての効用であり，所与の効用を得るのに必
要な収益の大きさのことである.[11]

さらに，ダニエル・ベルヌーイは次のように述べている．

「たとえ重要ではなくても，富の増加は常に効用の増加をもたらすが，そ
の効用の増加はすでに保有している財の量に反比例するということは大い
にありそうである.[12]」

「富の微量の増加によってもたらされる効用は，それ以前に保有していた
財の量に反比例するだろう．人間の本質を考慮するならば，この種の比較
を適用しうる多くの人びとにとってこの仮定は妥当する傾向があると私に
は思われる.[13]」

これは，多くの人びとにとって貨幣を対価に入手しうる財の限界効用は逓減す
ることを指摘したものであり，対数関数的効用である．

こうした考察を踏まえて，ダニエル・ベルヌーイはサンクト・ペテルブルク
のパラドックスに対して，次のような考えを提示する．

「実際に受け容れられている計算方法はポールのプロスペクトを無限大と
評価するが，誰もそれを適度な高い価格で喜んで買おうとはしないだ

ろう.[14]」

「ポールがまったく何も保有していないならば，彼の期待値は

$$\sqrt[2]{1}\cdot\sqrt[4]{2}\cdot\sqrt[8]{4}\cdot\sqrt[16]{8}\cdots$$

になるだろう．これは総額できっちり2ダカットに相当する．彼が10ダカット保有しているならば，彼の機会はおよそ3ダカットの価値がある．彼の富が100ダカットならば，およそ4ダカットの価値があり，1,000ダカット保有しているならば，およそ6ダカットの価値があるだろう．このことからポールの機会を20ダカットで買う意味があるためには，途方もない財産を保有していなければならないことが容易にわかる．この申し出に対して買い手が支払うべき金額は，すでに彼が保有している彼にとって価値のある金額によって幾分異なる．しかしながら，この差は非常に小さいので，ポールの財産 α が大きいならば，それは同金額になるとみなすことができる.[15]」

ダニエル・ベルヌーイは，主観的な効用概念を用いてサンクト・ペテルブルクのパラドックスを回避したのである．

期待効用理論——フォン・ノイマン＝モルゲンシュテルンによる精緻化

18世紀の前半まで遡ることができる効用概念を精緻化し，MPTと呼ばれる現代ポートフォリオ理論の拠って立つ土台を創ったのは，ゲーム理論を経済理論として定式化した von Neumann and Morgenstern（1953）である．MPTの発展に貢献し，恩師ハリー・マルコビッツとともに1990年にノーベル経済学賞を受賞するウィリアム・シャープは，CAPMと呼ばれる理論を提示した1964年の論文でこの点を次のように指摘している．

「この十年間に，多くの経済学者がリスクのある状態のもとでの資産選択を扱う規範モデルを展開してきた．マルコビッツはフォン・ノイマンやモルゲンシュテルンの議論を踏まえて，期待効用最大化原理に基づく分析を展開し，ポートフォリオ選択問題の一般的な解を提示した.[16]」

なお，von Neumann and Morgenstern（1953）は，初版が 1944 年，第 2 版が 1947 年，第 3 版が 1953 年に出版されている．俊野（2004）によれば，「3 つの版の中では，脚注部分で期待効用理論の妥当性に関する数学的証明が示された 1947 年の第 2 版がとくに重要視されている[17]」という．

プリンストン大学のジョン・フォン・ノイマンとオスカー・モルゲンシュテルンによって精緻化された効用概念は，期待効用理論（expected utility theory）と呼ばれる．ここでは Varian（1999）に依拠しながら，その概要を整理してみる[18]．

不確実性下の効用関数は消費水準だけでなく，確率の関数でもある．相互に完全に排他的な 2 つの事象を考える．第一事象と第二事象における消費を c_1, c_2 とし，各事象が生じる確率を π_1, π_2 とする．2 つの事象は相互に完全に排他的であるため，$\pi_2 = 1 - \pi_1$ となる．このとき消費の効用関数は $u(c_1, c_2, \pi_1, \pi_2)$ と表すことができる．

2 つの財が相互に完全代替の場合，不確実性下では，それぞれの財が消費される確率でウェイトをつけることができる．

$$u(c_1, c_2, \pi_1, \pi_2) = \pi_1 c_1 + \pi_2 c_2$$

これは期待値（expected value）と呼ばれるが，消費者の平均消費量でもある．

次に，効用が各事象における消費のある関数 $v(c_1)$ と $v(c_2)$ の加重平均で表され，しかもそのウェイトが各事象の生じる確率である効用関数を考える．

$$u(c_1, c_2, \pi_1, \pi_2) = \pi_1 v(c_1) + \pi_2 v(c_2)$$

これは期待効用関数（expected utility function）またはフォン・ノイマン＝モルゲンシュテルン型効用関数（von Neumann-Morgenstern utility function）と呼ばれる．von Neumann and Morgenstern（1953）によれば，線形変換しても表現される選好は変化しない．線形変換とは，各選択肢に何らかのウェイトをつけて加重平均をとることに他ならない[19]．

$v(c)=c$ とすれば，先の完全代替財のケースで考察した効用関数から，期待値で表される期待効用関数が得られる[20].

リスク回避・リスク愛好・リスク中立の期待効用関数

Varian（1999）は次のような不確実性下の選択問題を用いて期待効用関数を説明している[21]．すなわち，10ドルの富を持っている消費者が50％の確率で5ドルを得て，50％の確率で5ドルを失う賭けをする．この賭けの期待値は10ドル（＝0.5×15＋0.5×5）だが，金額 x の期待効用関数を $u(x)$ とすると，期待効用は次のようになる．

$$0.5 \cdot u(15)+0.5 \cdot u(5)$$

つまり，この賭けの期待効用は $u(15)$ と $u(5)$ の加重平均となる．

消費者がリスク回避（risk averse）的であるとき，期待効用関数 $u(x)$ は図X－1のようになる．リスク回避的な消費者の効用関数は凹型（concave）となり，富（wealth）の増加とともに効用関数の接線の傾きが小さくなる[22]．この場合，賭けの期待効用が期待値の効用より小さくなり，次式が成立している．

$$0.5 \cdot u(15)+0.5 \cdot u(5)<u(0.5 \cdot 15+0.5 \cdot 5)=u(10)$$

消費者がリスク愛好者（risk lover）であるとき，期待効用関数 $u(x)$ は図X－2のようになる．リスク愛好者の効用関数は凸型（convex）となり，富の増加とともに効用関数の接線の傾きが大きくなる．この場合，賭けの期待効用が期待値の効用より大きくなり，次式が成立している．

$$0.5 \cdot u(15)+0.5 \cdot u(5)>u(0.5 \cdot 15+0.5 \cdot 5)=u(10)$$

消費者がリスク中立（risk neutral）であるとき，効用関数は線形（liner）となり，賭けの期待効用はその期待値に等しくなり，次式が成立している．

図X−1　リスク回避型の効用関数

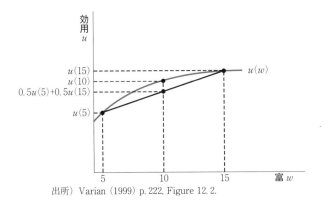

出所）Varian (1999) p.222, Figure 12.2.

図X−2　リスク愛好型の効用関数

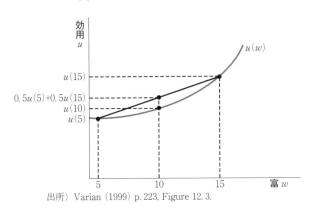

出所）Varian (1999) p.223, Figure 12.3.

$$0.5 \cdot u(15) + 0.5 \cdot u(5) = u(0.5 \cdot 15 + 0.5 \cdot 5) = u(10)$$

いずれの場合も，効用関数の形状が消費者のリスクに対する選好を示している．

期待効用理論の公理

　フォン・ノイマン＝モルゲンシュテルンによって精緻化された期待効用理論

の合理性の前提条件として，以下の公理がある[23]．ここで，$x \geq y$ は「x は y と同等もしくはそれよりも好ましい」という弱順序選好を表し，$x \succ y$ は「y より x を好む」という厳密な選好を表し，$x \approx y$ は「x と y は同じように好ましい」という無差別選好を表す．また，(x, p, y) は結果集合 A に含まれている．(x, p, y) は，結果 x が確率 p で得られ，結果 y が確率 $(1-p)$ で得られることを示す．

- **弱順序性**（weak ordering）：任意の 2 つの選択肢について，$x \succ y$（y より x を好む），$x \prec y$（x より y を好む），$x \approx y$（x と y の間では無差別である）の 3 通りのうち，ひとつの選好関係を常に明示できることを意味する．

- **推移性**（transitivity）：$x \geq y$ でかつ $y \geq z$ ならば，$x \geq z$ である．

- **選択行動の合理性**（rationality）：選択肢間に複数の属性があって，ある選択肢が少なくともひとつの属性では優れており，他の属性も少なくとも劣ることはないという優位性（dominance）が存在するとき，必ず優位性を持つ選択肢が選択される．

- **還元性**（reducibility）：$\left[(x, p; y, 1-p); y, q\right] \approx (x, pq; y, 1-pq)$ これは選好は最終的な結果と確率のみに依存し，結果が得られる過程には依存しないことを意味する．

- **代替性**（substitutability）：もし $x \approx y$ ならば，$(x, p; z, 1-p) \approx (y, p; z, 1-p)$ である．これは，もし x と y が無差別ならば，それらはどのようなギャンブルにおいても代替可能であることを意味する．

- **連続性**（continuity）または **解決可能性**（solvability）：もし $x \succ y \succ z$ ならば，$y \approx (x, p; z, 1-p)$ が成り立つ確率 p が存在する．これは絶対値が無限大の効用は存在しないことを意味する．

- **独立性**（independence）：これは複数の選択肢のすべてに共通の属性が付加されても，元の選好関係が維持されることを意味する．

- **不変性**（invariance）：これは選択肢の提示方法（フレーム）は選択結果に影響しないことを意味する．

なお，すべての公理は，確率 0 または 1 以外の確率 p, q について成立する．

第X章 行動ファイナンスと投資家心理 129

2．プロスペクト理論──選択と評価のバイアス

アレのパラドックス──独立性の公理の侵犯

やがて期待効用理論の公理を侵犯する頑健な人間行動が観察され，その公理の妥当性が問題視されるようになる．フランスのモーリス・アレが行った独立性に対する反駁（はんばく）は，アレのパラドックス（Allais Pradox）として有名である[24]．アレのパラドックスとは，次のようなものである．

問題1 好ましい方を選択せよ．

A：確実に100万フランを得られる．

B：10％の確率で500万フラン，89％の確率で100万フランを得られるが，1％の確率で何も得られない．

問題2 好ましい方を選択せよ．

C：11％の確率で100万フランを得られるが，89％の確率で何も得られない．

D：10％の確率で500万フランを得られるが，90％の確率で何も得られない．

（Allais 1953: 527）

このような意思決定において，人間は問題1では確実に100万フランを得られる選択肢Aを選択する．わずか1％でも100万フランという大金を得られない可能性を避けて，確実に大金を得ようとするためである．ところが，問題2では選択肢Cの方が確率が1％高いが，選択肢Dの方が得られる金額が圧倒的に大きいため，人間はDを選択する[25]．

効用関数$u(x)$を用いてこの意思決定を表現すると，問題1は次のようになる．

$$1.00 \cdot u(100) > 0.10 \cdot u(500) + 0.89 \cdot u(100) + 0.01 \cdot u(0)$$

両辺から $0.89 \cdot u(100)$ を引き，$0.89 \cdot u(0)$ を加えると，次式を得る.

$$0.11 \cdot u(100) + 0.89 \cdot u(0) > 0.10 \cdot u(500) + 0.90 \cdot u(0)$$

この式の左辺は選択肢 C，右辺は選択肢 D を表しており，右辺より左辺の方が好まれることを示しているが，これは問題2の前述した人間の選択とは異なる．このことから独立性の公理が侵犯されていることがわかる．

カーネマン＝トゥベルスキーの確実性効果

Kahneman and Tversky（1979）は，アレのパラドックスを次のような実験で検証している．被験者に次のような問題を回答させる心理実験である．なお，回答者数は72人，カッコ内は回答者の比率を示し，*は有意水準1％で統計的に有意であることを示す．

問題1　好ましい方を選択せよ．

A：33％の確率で2,500ドル，66％の確率で2,400ドルを得られるが，1％の確率で何も得られない．（18％）

B：確実に2,400ドルを得られる．（82％）*

問題2　好ましい方を選択せよ．

C：33％の確率で2,500ドルを得られるが，67％の確率で何も得られない．（83％）*

D：34％の確率で2,400ドルを得られるが，66％の確率で何も得られない．（17％）

（Kahneman and Tversky 1979: 265-266）

回答者の多数派は，問題1では確実に2,400ドルを得られる選択肢Bを選択し，わずか1％でも何も得られない可能性を避けている．ところが，問題2で

は選択肢 D の方が確率が 1% 高いが，選択肢 C の方が得られる金額がわずかに大きいため，C を選択している[26]．

効用関数 $u(x)$ を用いてこの意思決定を表現すると，問題 1 は次のようになる．

$$0.33 \cdot u(2500)+0.66 \cdot u(2400)+0.01 \cdot u(0)<1.00 \cdot u(2400)$$

両辺から $0.66 \cdot u(2400)$ を引き，$0.66 \cdot u(0)$ を加えると，次式を得る．

$$0.33 \cdot u(2500)+0.67 \cdot u(0)<0.34 \cdot u(2400)+0.66 \cdot u(0)$$

この式の左辺は選択肢 C，右辺は選択肢 D を表しており，左辺より右辺の方が好まれることを示しているが，これは問題 2 の実験結果とは異なり，独立性の公理が侵犯されていることがわかる．

Kahneman and Tversky (1979) は，人びとが単に起こりそうな結果をもたらす選択肢よりも確実と思われる結果をもたらす選択肢を過大評価することを確実性効果（certainty effect）と呼んでいる[27]．

エルズバーグの壺──曖昧性効果

独立性と矛盾する事例を提示したダニエル・エルズバーグの議論は，エルズバーグのパラドックス（Ellsberg's Paradox）あるいはエルズバーグの壺として有名である[28]．これは次のようなものである．

壺の中に赤玉が 30 個，黒玉と黄玉があわせて 60 個入っているが，黒玉と黄玉の内訳はわからない．壺からランダムに 1 個取り出すとき，次のような選択を行う．

問題 1　好ましい方を選択せよ．

A：赤玉が出たら 100 ドルを得られる．

B：黒玉が出たら 100 ドルを得られる．

> **問題2** 好ましい方を選択せよ.
>
> C：赤玉か黄玉が出たら100ドルを得られる.
>
> D：黒玉か黄玉が出たら100ドルを得られる.
>
> Ellsberg（1961: 653-654）

　問題1では黒玉の個数は0～60個までの可能性があり，黒玉の出る確率は0～2/3となり，不確実で曖昧である．赤玉は1/3（＝30/90）の確率で出ることがわかっている．多くの人は不確実で曖昧なBを避けてAを選択するという．ところが，問題2では赤玉か黄玉が出る確率は1/3～1であり，黒玉か黄玉が出る確率は2/3（＝60/90）であるため，確率がわかっているDを選択するという．こうした選択は，複数の選択肢のすべてに共通の属性が付加されても，元の選好関係が維持されることを意味する独立性の公理を侵犯している．

　今日では，こうした現象は曖昧性の回避（ambiguity aversion）あるいは曖昧性効果（ambiguity effect）と呼ばれ，不確実性の源泉依存（source dependence, source preference）のひとつに数えられる[29]．

　株式投資のリスク・プレミアムが債券投資のそれより高い理由のひとつは，株式投資はキャピタル・ゲインやインカム・ゲインの不確実性が高く，このため投資家の曖昧性回避が作用していることが考えられる．それが株価の下落圧力となり，結果として株式投資のリスク・プレミアムを債券投資のそれに対して，そのリスクでは説明できないほど上昇させていると思われる．

限定合理性と満足化基準

　ハーバート・サイモンは期待効用理論の公理の現実的な妥当性を問題視し[30]，限定合理性（bounded rationality）という概念を提起した[31]．サイモンは認知科学の基礎をつくり，意思決定研究の先鞭をつけたといわれる．

　主流派経済学の想定する合理的経済人は，選択に直面したとき，すべての選

図X-3 合理性のビジョン

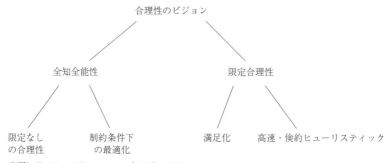

出所）Todd and Gigerenezer（2000）p. 729, Figure 2.

択肢を把握し，その効用と確率を瞬時に計算する，全知全能の神のような経済主体であると想定されている．合理的経済人は，不確実性下の意思決定においては，期待効用を最大化するよう最適化行動を行う．しかし，Simon（1957）によれば，人びとは最適化基準（optimize principle）を満たすように選択行動を行っているのではなく，人間の限定された知識・能力および限定された時間の中で受容しうる最小限の基準である満足化基準（satisficing principle）を満たすように選択を行っているという．

合理性については様々なビジョンがある．Todd and Gigerenezer（2000）は図X-3のように合理性のビジョンを分類している．それによると，合理性のビジョンは全知全能性（demons）と限定合理性の2つに大別される．さらに，全知全能性は限定なしの合理性（unbounded rationality）と制約条件下の最適化（optimization under constraints）に分類され，他方，限定合理性は満足化（satisficing）と高速・倹約ヒューリスティック（fast and frugal heuristic）に分類される．

Allais（1953），Simon（1957），Ellsberg（1961）等の議論を踏まえて，1970年代に入るとダニエル・カーネマンとエーモス・トゥベルスキーはプロスペクト理論を提起し，行動ファイナンスが誕生する．

プロスペクト間の選択に期待効用理論を適用する

ダニエル・カーネマンとエーモス・トゥベルスキーは，『エコノメトリカ』1979 年 5 月号に「プロスペクト理論：リスク下の意思決定の分析」と題する論文を発表した[32]．リスク下の意思決定の分析において支配的であった期待効用理論を批判し，プロスペクト理論と呼ばれる代替理論を提起したのである．

Kahneman and Tversky（1979）は，確率 $p_i(i=1,2,\cdots,n)$ で結果 x_i が得られる契約（contract）をプロスペクトと呼ぶ（ただし，$p_1+p_2+\cdots+p_n=1$）．プロスペクトは，$(x_1,p_1;\cdots;x_n,p_n)$ のように，得られる結果 x_i とその確率 p_i をセミコロンで区切って表記される．結果 x が得られる確率が p，結果 0 が得られる確率が $1-p$ であるプロスペクト $(x,p;0,1-p)$ の場合は，表記の簡略化のために (x,p) と表記する．また，確実に結果 x が得られる無リスクのプロスペクトの場合は (x) と表記する[33]．

プロスペクト間の選択に期待効用理論を適用するとき，それは次の 3 つの教義（tenets）に基づいて行われる[34]．

(i) $U(x_1,p_1;\cdots;x_n,p_n)=p_1u(x_1)+\cdots+p_nu(x_n)$

これは，左辺のプロスペクトの全体の効用は右辺の結果の期待効用に等しいことを示す．

(ii) 現在の資産が w のときに，プロスペクト $(x_1,p_1;\cdots;x_n,p_n)$ が選択されるならば，次式が成立する．

$$U(w+x_1,p_1;\cdots;w+x_n,p_n)>u(w)$$

これは資産の一体化（asset integration）と呼ばれる教義であるが，期待効用関数は富の増減（利得あるいは損失）の関数ではなく，富の水準の関数であることを示す．

(iii) $u''<0$

これは期待効用関数が凹型であり，リスク回避型であることを示す．

これらは期待効用理論において想定されていることであるが，Kahneman and

Tversky（1979）はこうした期待効用理論の教義を侵犯するいくつかの実験結果を提示する．

不変性の公理の侵犯——カーネマン＝トゥベルスキーの実験

Kahneman and Tversky（1979）は，次のような心理実験を行っている．なお，回答者数は問題1が70人，問題2が68人，カッコ内は回答者の比率を示し，*は有意水準1％で統計的に有意であることを示す．

問題1　現在保有している金額に加えて1,000ドルを受け取り，次の賭けに参加する．好ましい方を選択せよ．

A：50％の確率で1,000ドルを得られる．（16％）

B：確実に500ドルを得られる．（84％）*

問題2　現在保有している金額に加えて2,000ドルを受け取り，次の賭けに参加する．好ましい方を選択せよ．

C：50％の確率で1,000ドルを失う．（69％）*

D：確実に500ドルを失う．（31％）

（Kahneman and Tversky 1979: 273）

回答者の多数派は，問題1では確実に500ドルを得られるBを選択するが，問題2では損失がゼロとなる50％の確率に賭けてCを選択している．

各選択肢のプロスペクトは次のようになる．

A：$(1000)+(1000, 0.5)=(2000, 0.5;1000, 0.5)$

B：$(1000)+(500)=(1500)$

C：$(2000)+(-1000, 0.5)=(2000, 0.5;1000, 0.5)$

D：$(2000)+(-500)=(1500)$

初めに受け取った金額と賭けの結果を合計して各選択肢を比較すると，問題1

と問題2は実は同じ問題であり，選択肢 A＝C，B＝D であることがわかる．しかし，回答者の多数派は，問題1では B を選択し，問題2では C を選択する．これは問題がどのような枠組み（frame）で提示されるかによって選好が変わることを示しており，選択肢の提示方法は選択結果に影響しないことを意味する不変性の公理を侵犯している．このように意思決定の問題がどのような枠組みで提示されるかによって人びとの選好が変わることをフレーミング効果（framing effect）と呼ぶ．

さらに，利得領域と損失領域において選好が非対称的になっている．すなわち，問題1の利得領域においてはリスク回避的であり，問題2の損失領域においてはリスク愛好的あるいはリスク選好（risk taking, risk prone）的である．こうした利得と損失の非対称性を，プロスペクト理論は価値関数とウェイト関数を用いて読み解いている．

プロスペクト理論──価値関数とウェイト関数

プロスペクトの価値を評価する関数を価値関数（value function）と呼ぶ．これは結果の主観的価値を評価する関数であり，たとえば次式のようになる.[35]

$$V(x,p;y,q)=\pi(p)v(x)+\pi(q)v(y)$$

ここで $v(\cdot)$ は価値関数，$\pi(\cdot)$ はウェイト関数（weighting function）と呼ばれる．期待効用理論では，意思決定に関する不確実性の評価として各事象が生起する確率を用いるが，プロスペクト理論では，人間は各事象が生起する確率を独立変数とするウェイト関数によって不確実性の評価を行うと想定している．つまり，期待効用理論では各事象が生起する確率をウェイトとして用いるが，プロスペクト理論ではウェイト関数をウェイトとして用いる．

Kahneman and Tversky（1979）によれば，価値関数は**図Ⅹ－4**のような形状をしている．横軸は利得（gains）と損失（losses）を示し，縦軸は主観的な価値評価を示す．原点は利得と損失の分岐点となる点であり，参照点（reference

図Ⅹ-4 仮説的価値関数

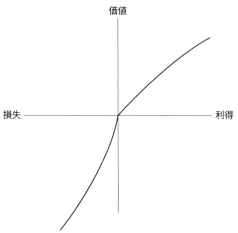

出所）Kahneman and Tversky（1979）p. 279, Figure 3.

point）と呼ばれる．参照点において価値関数の値はゼロとなる．参照点がどこに置かれるかによってフレームが変化する．株式投資においては，通常は株式の購入価格が参照点になることが多いが，株価の水準訂正によって参照点が移動することもある．

　参照点を境に利得領域では，価値関数はリスクを回避する凹型となり，他方，損失領域ではリスクを愛好する凸型の急な曲線になっている．このように利得と損失で選好が逆になることを反転効果（reflection effect）[36]と呼ぶ．

　さらに，利得領域よりも損失領域の方が，価値関数の曲線が険しくなっている．これは利得と損失の非対称性（gain-loss asymmetry）と呼ばれ，同じ金額の価値であっても利得領域より損失領域の方が大きく感じられるということである．すなわち，500ドルの利得による喜びよりも500ドルの損失による苦痛の方が大きく感じられるということであり，これが人びとに損失回避（loss aversion）と呼ばれる行動を起こさせている．損失回避とは，人びとが参照点と比較して生じる損失を，それがたとえ小さなものであっても過剰に回避しようとする性向である．

図X−5 仮説的ウェイト関数

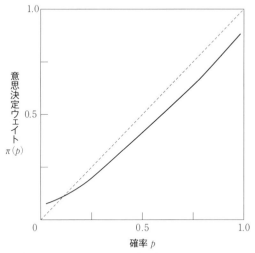

出所）Kahneman and Tversky（1979）p. 283, Figure 4.

　ある事象が生起する確率を独立変数とするウェイト関数は，図X−5の実線のような形状をしている．図X−5の横軸はある事象の確率 p を示し，縦軸は主観的な意思決定ウェイト（decision weight）$\pi(p)$ を示す．ウェイト関数は各プロスペクトに重みづけを行うものであるが，期待効用理論の確率とは異なり，$\pi(p)+\pi(1-p)=1$ を必ずしも満たさないという特徴がある．すなわち，ウェイト関数は低い確率を過大評価し（overweight low probability），中・高位の確率を過小評価する（underweight middle and high probability）という特徴を持つ．つまり，ウェイト関数は確率評価の非線形性（nonlinear preference）を仮定している．

　なお，意思決定ウェイト $\pi(p)$ は確率がゼロのときにはゼロになり（$\pi(0)=0$），確率が1のときときには1となる（$\pi(1)=1$）．

投資家はなぜ損切りができないのか

　わが国には「見切り千両」という相場格言がある．ウォール街にも「損は落

とせ，さらば利益は大ならん」（Cut loss and let profit run.）という相場格言が
ある[37]．世の東西を問わず，こうした相場格言が存在するのは，購入価格よりも
値下がりした株式を売却して損失を実現する，いわゆる損切りができない投資
家が多いためであろう．

　投資家はなぜ損切りができないのか．プロスペクト理論によれば，投資家の
価値関数における利得と損失の非対称性によってこれを説明できる．すなわ
ち，利得領域においては投資家の選好はリスク回避的であるため，投資家は利
得をすぐに実現しがちである．他方，損失領域においては投資家の選好はリス
ク愛好的であるため，投資家は値上がりに賭けて損失をなかなか実現しようと
しない．購入価格が参照点となり，株価が購入価格に戻るまではなかなか売り
たがらない傾向がある．このように人間が損失の実現を先送りする性向を損失
先送り効果（disposition effect）といい，反転効果のひとつに数えられる．

　Odean（1998）は大手ディスカウント・ブローカー（売買手数料の安い証券
会社）の1万に及ぶ口座の取引記録を調べることによって，投資家はなぜ損切
りを躊躇するのかを行動ファイナンスの立場から分析している．Odean（1998）
によれば，投資家には損失よりも利得を実現しようとする強い選好が見られる
という．損失の実現を先延ばしにし，利得の実現を急ぐ行動は，ポートフォリ
オのリバランスや低位株の取引コストの上昇を避けるために行われるわけでは
ないという．

ブレーク・イーブン効果とサンクコスト効果

　賭けで損失を抱えた人がその損失を帳消しにする賭けを好む性向をブレー
ク・イーブン効果（break even effect）と呼ぶ．これは人間のリスクテイクの仕
方がそれ以前の利得と損失の影響を受けるということであり[38]，反転効果のひと
つに数えられる．競馬で一日中負け続けた人が最後に大穴に賭ける性向を最終
レース効果（end-of the-day effect）と呼ぶが，これはブレーク・イーブン効果と
同じものである．

株式投資においては損失を抱えた投資家がリスク愛好的になりがちなことを，ブレーク・イーブン効果で説明できるだろう．

ところで，主流派経済学において，経済学とは「希少な財・資源を，競合する目的のために選択・配分する仕方を研究する学問」[39]と定義される．この定義はライオネル・ロビンズの有名な次の言葉にまで遡ることができる．

「経済学は，諸目的と代替的用途をもつ希少な諸手段との間の関係としての人間行動を研究する科学である．」[40]

人間の欲望は無限であるのに，資源や財は有限である．それゆえ資源や財は希少である．資源や財の希少性のために，資源配分，技術選択，財分配において選択の問題が生じる．選択の問題においては，ある経済活動を選択することで他の経済活動の機会を断念しなければならない．ある経済活動を選択するために断念すべき他の経済活動の機会の中で最も大きな収益を，ある経済活動の機会費用（opportunity cost）と呼ぶ．主流派経済学において，費用とは機会費用のことであり，機会費用が現在の意思決定に影響を与える．もし選択の余地がなければ，その経済活動の機会費用はゼロになる．

これに対して，事業に投下した資金のうち，その事業から撤退しても回収できない費用をサンクコスト（埋没費用）と呼ぶ．サンクコストは過去の選択によって生じたものであり，現在の意思決定に影響を与えないはずである．

ところが，現実世界では，人間はサンクコストを考慮して意思決定を行う性向が観測される．Arkes and Blumer（1985）は，この性向をサンクコスト効果（sunk cost effect）と呼んでいる．彼らは次のような心理実験を行っている．

問題 1　航空会社の社長として，あなたは1,000万ドルの会社の資金を研究開発プロジェクトに投資してきた．その目的は通常のレーダーに探知されない飛行機，言い換えると，レーダーに映らない飛行機を製作することである．その研究開発プロジェクトの90％が完了したとき他社がレーダーに探知されない飛行機のマーケティングを開始する．また，他社の飛行機があな

たの会社の製作している飛行機よりずっと高速ではるかに経済的であること
は明らかである. そこで問題である. あなたは, レーダーに映らない飛行機
の研究開発を完了するために, 残り10%の資金を投資すべきか.

A：はい　　41

B：いいえ　7

問題2　航空会社の社長として, あなたは部下の一人から提案を受けた. そ
れは通常のレーダーに探知されない飛行機, 言い換えると, レーダーに映ら
ない飛行機を開発するために, 100万ドルの研究開発資金を使うべきとの提
案である. しかしながら, ちょうど他社がレーダーに探知されない飛行機の
マーケティングを開始したばかりである. また, 他社の飛行機があなたの会
社の製作できるであろう飛行機よりずっと高速ではるかに経済的であること
は明らかである. そこで問題である. あなたは, 部下の提案するレーダーに
映らない飛行機を製作するために, 100万ドルの研究開発資金を投資すべき
か.

A：はい　　10

B：いいえ　50

(Arkes and Blumer 1985: 129)

　問題1では回答者の85.4%が投資すべきとしたが, 問題2では83.3%が投
資すべきではないと回答した. 圧倒的多数派の回答は, 2つの問題でまったく
異なる. 2つの問題の相違点は, すでに900万ドルを投資したか, まだまった
く投資していないか, という点である.

　いずれの問題においても, 今後100万ドルの投資を行っても, この投資案件
は成功しそうもない. 機会費用の観点から合理的に考えるならば, いずれの問
題においても投資すべきではないということになる. 問題1ではすでに投資し
た900万ドルはサンクコストであり, 現在の意思決定に影響を与えるべきでは

ない.

　しかし，人間はサンクコストを損失とみなすため，価値判断は参照点の左側
の損失領域で行われる．損失領域では価値関数はリスク愛好的であり，人間は
追加投資を行ってしまう性向がある．

　株式投資においては，購入した株式が予想に反して値下がりした場合に，投
資家がその買いコストを下げるためだけに，当初の買付け予定額を超えて「難
平買い」を行うことがサンクコスト効果の一例として挙げられる．保有株式へ
の追加投資の妥当性は過去の買値とは無縁であるはずだが，損切りを躊躇する
ばかりか，その買いコストを下げるためだけに難平買いを行ってしまう投資家
は多いだろう．

　投資家が過去の投資の失敗を認めることができず，失敗ではないと自己を正
当化して追加投資を行うならば，「下手な難平，素寒貧」という相場格言の通
りになるかもしれない．サンクコスト効果は，自己正当化（self-justification）と
呼ばれる信念形成におけるバイアスのひとつにも数えられる．

低い確率の過大評価

　低い確率の過大評価は，人びとが宝くじを買う理由のひとつに数えられる．
また，事故の発生確率を超えて保険が過度に利用されるのも，人びとが低い確
率を過大評価しているためといえる．

　低い確率の過大評価に関して，Kahneman and Tversky（1979）は次のよう
な心理実験を行っている．なお，回答者数は 72 人，カッコ内は回答者の比率
を示し，*は有意水準 1 %で統計的に有意であることを示す．

問題 1　好ましい方を選択せよ．

A：0.1%の確率で 5,000 ドルを得られる．（72%）*

B：確実に 5 ドルを得られる．（28%）

第Ⅹ章　行動ファイナンスと投資家心理　143

> **問題2**　好ましい方を選択せよ.
>
> Ｃ：0.1％の確率で5,000ドルを失う.（17％）
>
> Ｄ：確実に5ドルを失う.（83％）*
>
> （Kahneman and Tversky 1979: 281）

　問題1では72％の回答者がＡを選択するのは, 人びとが宝くじを買うように, 人びとが低い確率を過大評価しているためである. 他方, 問題2で83％の回答者がＤを選択するのは, 低い確率の事故の発生のように, 大きな損失の可能性に対して人びとはその主観的な決定の重みづけを大きくする性向があるためである. これは安心を確実なものにしたいという確実性効果で説明できる.

　ところで, 競馬において勝率の高い本命馬よりも勝率の低い穴馬に人気が集まることも, 低い確率の過大評価によって説明できる. これは本命・大穴バイアス（favorite-longshot bias）と呼ばれ, ウェイト関数の形状によって説明される.

価値関数とウェイト関数の推定と近視眼的損失回避

　Tversky and Kahneman（1992）は, 価値関数を指数関数とみなして, 実験結果から価値関数とウェイト関数のパラメータを推計している. 推計された価値関数は次式の通りである（x は参照点からの利得または損失を示す）[41].

$$x \geq 0 \text{ ならば,}\quad v(x) = x^{0.88}$$
$$x < 0 \text{ ならば,}\quad v(x) = -2.25 \cdot (-x)^{0.88}$$

また, ウェイト関数は次式の通りである[42].

$$x \geq 0 \text{ ならば,}\quad \pi(p) = \frac{p^{0.61}}{\left(p^{0.61} + (1-p)^{0.61}\right)^{1/0.61}}$$

$x<0$ ならば, $\pi(p)=\dfrac{p^{0.69}}{\left(p^{0.69}+(1-p)^{0.69}\right)^{1/0.69}}$

Tversky and Kahneman（1992）によって推計された価値関数によれば, 損失は利得の 2.25 倍の大きさであり, 500 ドルの利得による喜びよりも 500 ドルの損失による苦痛の方が 2.25 倍大きいということである.

仮に株価がランダム・ウォークに従うと仮定すると, 明日の株価が上がるか下がるかの確率はそれぞれ 2 分の 1 である. 企業価値が変化しない短期において株価はドリフトがゼロになるランダム・ウォークに従うと仮定すると, 日々[43]の株価の値動きに一喜一憂する投資家は, それぞれ 2 分の 1 の確率で株価上昇による喜びを享受したり, 株価下落による苦痛を受けたりする. ドリフトがゼロになるランダム・ウォークでは, 株価下落と株価上昇は平均的には相殺されるはずである.

しかし, 株価上昇による喜びよりも株価下落による苦痛の方が 2.25 倍大きいならば, ごく短い時間的視野において日々の株価の値動きに一喜一憂する投資家は損失を回避しようと持ち株を売ってしまうだろう.

それぞれの賭けを他の賭けと分離して捉えることをフレーム矮小化（narrow framing）と呼ぶ. フレーム矮小化によって人びとが賭けの総体では有利であるにもかかわらず, 有利な賭けを受け容れない性向のことを, 近視眼的損失回避（myopic loss aversion）と呼ぶ.[44]

1926 年以降, 米国の株式の実質収益率が年率およそ 7% であるのに対して, 財務省証券の実質収益率が年率 1% に満たないという経験的事実は株式プレミアムのパズル（equity premium puzzle）と呼ばれる. 近視眼的損失回避という概念はこのパズルを読み解くために, Benartzi and Thaler（1995）によって提唱されたものである. すなわち, ベナールッチ＝セイラーは, 長期投資家でさえ頻繁にポートフォリオを時価評価することと損失回避を組み合わせて, この概念を提唱した. 彼らは次のように述べている.

図Ⅹ-6　投資家の感じる株式プレミアムとポートフォリオの評価間隔（年）

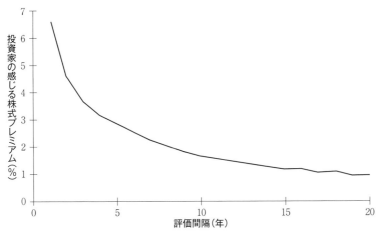

出所）Benartzi and Thaler（1995）in *CVF*, p. 312, Figure 17.3.

「投資家は（株式のような）標準偏差が年率20％で年率7％支払われるリスク資産と，確実に年率1％支払われる安全資産を選択しなければならないと想定しよう．……リスク資産の魅力は投資家の時間的視野に依存しているだろう．投資を頻繁に評価しない限り，投資家がその資産を保有しようとする期間が長ければ長いほど，リスク資産はますます魅力的に見えるであろう．言い換えると，損失回避と短期的な評価期間という二つの要因によって，投資家は株式保有に伴うリスクを抱えようとはしないのである．」[45]

Benartzi and Thaler（1995）によれば，ポートフォリオの評価を1年ごとに行えば，株式と債券（5年物財務省証券）の魅力が同等になるという．このとき投資家の感じる株式プレミアム（implied equity premium）は年率6.5％になり，実際の株式プレミアムと同じになるという．投資家の感じる株式プレミアムは，ポートフォリオの評価を2年ごとに行えば年率4.65％に，5年ごとに行えば年率3.0％に，10年ごとに行えば年率2.0％に，20年ごとに行えば年率

1.4%になるという[46]. ポートフォリオ評価の間隔が長くなれば長くなるほど, 投資家は株式投資にリスクを感じなくなる（**図Ｘ－6**）. 日々の株価の値動きに一喜一憂することは, 投資家にとって得策とはいえないようである.

3. フレーミング効果

「アジアの疾病問題」

　先に, 選択肢の提示方法は選択結果に影響しないことを意味する不変性の公理を侵犯するケースとして, Kahneman and Tversky（1979）の実験を紹介したが, 意思決定の問題がどのような枠組みで提示されるかによって人びとの選好が変わることはフレーミング効果と呼ばれる.

　Kahneman and Tversky（1981）はプロスペクト理論を用いてフレーミング効果を考察している. 彼らの行った心理実験は, 次のようなものである. なお, 回答者数は問題1が152人, 問題2が155人, カッコ内は回答者の比率を示す.

問題1　合衆国は, 600人を死亡させると予想される珍しいアジアの疾病の流行に備えていると想像してほしい. この疾病と戦う2つの代替的な対策が提案されている. 対策の実施結果の正確な科学的推計値は次の通りであると仮定する.

対策Ａ：この対策が採用されれば, 200人が助かる.（72％）

対策Ｂ：この対策が採用されれば, 3分の1の確率で600人が助かり, 3分の2の確率で誰も助からない.（28％）

2つの対策のうち, あなたはどちらを採用するか.

問題2

対策Ｃ：この対策が採用されれば, 400人が死亡する.（22％）

第Ⅹ章　行動ファイナンスと投資家心理　147

対策Ｄ：この対策が採用されれば，３分の１の確率で誰も死亡しないが，３
　　　　分の２の確率で600人が死亡する．（78%）
２つの対策のうち，あなたはどちらを採用するか.

(Kahneman and Tversky 1981: 453, 1984: 343)

　各対策の生存者数のプロスペクトは次のようになる.

A：(200)

B：(600, 0.33)

C：(200)

D：(600, 0.33)

問題１と問題２は実質的には同一の問題であり，対策 A＝C，B＝D であるこ
とがわかる.

　しかし，回答者の多数派は，問題１では確実に200人が助かる対策 A を選
択するが，問題２では死亡者がゼロとなる３分の１の確率に賭けて対策 D を
選択する．つまり，回答者の多数派は，問題１では何人助かるかという利得領
域で判断するためリスク回避的な対策 A を選択するが，問題２では何人死亡
するかという損失領域で判断するためリスク愛好的な対策 D を選択する.

　プロスペクト理論の価値関数では，人間は利得領域ではリスク回避的にな
り，損失領域ではリスク愛好的になる．利得領域か損失領域かは参照点の位置
で決まる．問題の提示方法（frame）によって，参照点の位置が変化してしま
う．参照点の位置が変化することによって，実質的には同一の選択の問題が，
利得領域で判断されたり損失領域で判断されたりする．この結果，実質的には
同一の選択の問題でも，まったく異なる判断がなされるのである.

心理的勘定──あぶく銭効果とスネーク・バイト効果

　心理的勘定（mental accounting）あるいは心の会計とは，Thaler（1980; 1985;
1999a）によって提唱された概念であり，人間は資金の出所や使途によってそ

の扱い方を変えるというものである．これもフレーミング効果のひとつに数えられる．

たとえば，次のような問題は心理的勘定によってうまく説明できる．なお，回答者数は問題1が200人，問題2が183人，カッコ内は回答者の比率を示す．

問題1　あなたは観劇に行くことを決めて，その入場券の代金10ドルを支払ったと仮定しよう．劇場に入るときに，あなたは入場券を紛失したことに気がつく．席は指定されておらず，入場券の再発行はできない．

あなたはもう1枚入場券を買うために，10ドルを支払うか．

A：はい（46%）

B：いいえ（54%）

問題2　あなたは入場券の代金が10ドルの観劇に行くことを決めたと仮定しよう．劇場に入るときに，あなたは10ドル札を紛失したことに気がつく．

あなたは観劇の入場券の代金として，さらに10ドルを支払うか．

C：はい（88%）

D：いいえ（12%）

(Kahneman and Tversky 1984: 347)

回答者の多数派は，問題1では10ドルを支払わないと回答したが，問題2では支払うと回答している．2つ問題の相違は，10ドルの入場券を紛失したか，10ドル札を紛失したかであり，経済合理性の観点からは同じ問題である．それにもかかわらず，異なる意思決定が行われることは心理的勘定で説明することができる．

観劇に行くことを決めた段階で，観劇という資金使途の心理的勘定が開設される．問題1ではこの勘定からすでに10ドル支出されており，さらにもう10

ドル支出することに心理的抵抗が生じてしまう．それに対して，問題2ではこの勘定からまだ10ドルの支出は行われていない．紛失した10ドル札は別の勘定から支出されており，この勘定に仕訳されていないためである．

　これは損失の場合の心理的勘定であるが，利得の場合でも同様の現象が観測される．ギャンブルで稼いだ貨幣を湯水のように消費してしまうことは，あぶく銭効果あるいはハウスマネー効果（house money effect）と呼ばれる[47]．

　Thaler and Johnson（1990）によれば，あぶく銭効果の重要なインプリケーションは，人間のリスクテイクの仕方はそれ以前の利得や損失に影響されるということである．つまり，人間の意思決定は過去の履歴に影響されるのである．すなわち，利得を上げた人はリスク愛好的になり，損失を出した人はリスク回避的になる．後者はリスク回避効果（risk aversion effect）あるいはスネーク・バイト効果（snake bite effect）と呼ばれる．

　株式投資においても，株式市場が活況を呈すれば呈するほど，投資家はリスク愛好的になる．株式市場の加熱期には信用取引が極度に活発化することはよく知られている．株式バブルが生じる一因をあぶく銭効果で説明することもできるだろう．反対に，株式バブル崩壊後には株価は長期的に低迷しがちである．スネーク・バイト効果の示唆するように，株式投資で巨額の損失を出した投資家は極度にリスク回避的になるためである．

機会費用の過小評価

　フレーミング効果について，さらにいくつか見ていこう．

　実質的にまったく同じ意思決定の問題であっても，問題の提示方法によって機会費用は過小評価（underestimation of opportunity costs）されることが知られている．Kahneman et al.（1991）は次のような心理実験を行い，この効果を検証している．なお，回答者数は問題1が130人，問題2が123人，カッコ内は回答者の比率を示す．

> **問題1**　自動車の人気車種が品薄になり，現在，顧客は納車まで2カ月待た
> なければならない．販売店はこれまで表示価格で販売してきた．さて，販売
> 店はこの車種の販売価格を表示価格より200ドル引き上げる．
> A：容認できる（29%）
> B：不公正である（71%）
>
>
> **問題2**　自動車の人気車種が品薄になり，現在，顧客は納車まで2カ月待た
> なければならない．販売店はこれまで表示価格より200ドル割り引いて販売
> してきた．さて，販売店はこの車種の販売価格を表示価格通りにする．
> C：容認できる（58%）
> D：不公正である（42%）
>
> （Kahneman et al. 1991, *CVF* : 168-169）

　問題1・問題2とも人気車種の販売価格が200ドル引き上げられるという，
実質的にはまったく同じ問題であるにもかかわらず，回答者の多数派は異なる
判断をしている．2つの問題の相違点は，問題1では値上げのフレームで，問
題2では値下げの取り止めというフレームで提示されている点である．両方と
も機会費用の増加あるいは機会利得の減少であるが，値上げは損失領域で，値
下げの取り止めは利得領域で判断される．このため同じ金額の価値であっても
利得領域より損失領域の方が大きく感じられるという利得と損失の非対称性が
生じて，損失領域の値上げは不公正と判断され，利得領域の値下げの取り止め
は容認できると判断されがちである．

貨幣錯覚

　実質金利ではなく名目金利をフレームに意思決定を行うなど，実質値ではな
く目に見える名目値を基準に行動してしまう性向を貨幣錯覚（money illusion）
と呼ぶ．Kahneman et al.（1991）は次のような心理実験を行い，この効果を検

証している．なお，回答者数は問題1が125人，問題2が129人，カッコ内は回答者の比率を示す．

問題1 ある会社はわずかな利益しか上げていない．この会社を取り巻く環境は，かなりの失業があるが，インフレのない景気後退である．この会社は今年，賃金や給料を7%引き下げる．

A：容認できる（37%）

B：不公正である（63%）

問題2 ある会社はわずかな利益しか上げていない．この会社を取り巻く環境は，かなりの失業と12%のインフレを伴う景気後退である．この会社は今年，賃金や給料を5%引き上げる．

C：容認できる（78%）

D：不公正である（22%）

(Kahneman et al. 1991, *CVF* : 169)

　問題1・問題2とも実質賃金が7%引き下げられるという，実質的にはまったく同じ問題であるにもかかわらず，回答者の多数派は異なる判断をしている．2つの問題の相違点は，問題1では名目賃金の引き下げというフレームで，問題2では名目賃金の引き上げというフレームで提示されている点である．実験結果は，人間は実質賃金ではなく名目賃金をフレームに意思決定を行いがちであることを示唆している．

　両方とも実質賃金の引き下げであるが，名目賃金の引き下げは損失領域で，名目賃金の引き上げは利得領域で判断される．このため利得と損失の非対称性が生じて，前者は不公正と判断され，後者は容認できると判断されがちである．

比率差原則と保険文脈

　消費者が値引額よりも値引率に注目する性向は比率差原則（ratio-difference principle）と呼ばれる．Kahneman and Tversky（1984）は次のような問題を用いてこれを説明している．

　問題1　あなたは15ドルの電卓を買おうとしていると仮定しよう．電卓の販売員が，あなたの買おうとしている電卓は車で20分のほど離れた別の支店では10ドルで販売されていると教えてくれた．あなたはその支店まで行くか．

　問題2　あなたは125ドルのジャケットを買おうとしていると仮定しよう．ジャケットの販売員が，あなたの買おうとしているジャケットは車で20分のほど離れた別の支店では120ドルで販売されていると教えてくれた．あなたはその支店まで行くか．

（Kahneman and Tversky 1984: 347 を改題）

　Kahneman and Tversky（1984）によれば，車で20分のほど離れた別の支店まで買いに行くと回答したのは，問題1では88人の回答者の68％であったのに対して，問題2では93人の回答者の29％にすぎなかった．問題1・問題2とも節約できる貨幣は5ドルと同額であるにもかかわらず，回答者の多数派は異なる判断をしている．

　値引額ではなく値引率に注目すると，問題1の値引率は33.3％（＝5/15），問題2のそれは4％（＝5/125）となり，消費者は値引額ではなく値引率をもとに意思決定していることが窺える．

　実質的に同じ選択の問題であっても，保険料というフレームで提示されると選択してしまう性向を保険文脈（insurance context）と呼ぶ．すなわち，プロスペクト理論の価値関数では，人間は損失領域ではリスク愛好的になり，確実な

損失を受け容れることを嫌う．しかし，確実な損失が保険料というフレームで提示されると，実質的にまったく同じ選択の問題であってもそれを選択しがちである．

なお，比率差原則，保険文脈ともフレーミング効果に分類される．

4．プロスペクト理論の拡張とそのバリエーション

期間選択のアノマリー──双曲割引

選択の問題を同一時点間から異時点間に拡張し，期待効用ではなく割引効用を考察する研究が盛んに行われている．現在時点と将来時点の間の選択は期間選択（intertemporal choice）と呼ばれる．こうした研究では，人間を被験者とした様々な心理実験や，鳩などを用いた動物実験などで期間選択のアノマリーが観測されている[49]．

主なものを列挙すると，双曲割引（hyperbolic discounting）[50]，共通差効果（common difference effect）[51]，絶対規模効果（absolute magnitude effect）[52]，利得と損失の非対称性（gain-loss asymmetry）[53]，遅延とスピードアップの非対称性（delay-speedup asymmetry）[54]，上昇選好（preference for improvement）[55]，自己コントロール（self control）[56]などがある．

ここでは双曲割引について，角田（2004），広田他（2006）に依拠しながら整理しよう．利子率が5％の場合，現在の100万円は1年後に105万円（＝100×1.05）に，2年後に110.25万円（＝100×1.05^2）に，3年後に115.76万円（≒100×1.05^3）に，D年後には100×1.05^D万円になる．したがって，1年後の100万円の現在価値は95.24万円（≒$100/1.05$）に，2年後の100万円の現在価値は90.70万円（≒$100/1.05^2$）に，3年後の100万円の現在価値は86.38万円（≒$100/1.05^3$）に，D年後の100万円の現在価値は$\frac{100}{1.05^D}$万円になる．

Vを現在価値，kを利子率あるいは割引率，Dを遅延期間とすると，D期間

にわたって連続複利運用した場合の将来価値 A は次のように表すことができる.

$$A = Ve^{kD}$$

ここで e は自然対数の底である. この式を変形すると, 次式を得る.

$$V = Ae^{-kD}$$

主流派経済学では, このような指数関数 (exponential function) を用いて, 貨幣 (あるいは貨幣を対価に入手しうる財) の受け取りの遅延によってその現在価値が低下することを表してきた.

これに対して, 心理学では心理実験や鳩などを用いた動物実験を踏まえて, この関係を次式のような双曲関数 (hyperbolic function) によって表すことが提案されてきた.

$$V = \frac{A}{1 + kD}$$

指数関数より双曲関数の方が実験結果にうまく当てはまることが知られている. また, Green et al. (1994) は単純な双曲関数より, 分母に指数 s を付けた次式の方が実験結果にうまく当てはまることを指摘している.

$$V = \frac{A}{(1 + kD)^{s}}$$

こうした双曲関数の意味することは, 割引率は長期よりも短期の方が著しく大きいということである. 言い換えると, 貨幣 (や餌) の受け取りの遅延に際して, 人間 (や鳩) は指数関数ではなく双曲関数で割り引くので, 遅延による割引は長期よりも短期の方が著しく大きくなる. 双曲関数は人間は長期では忍耐強いが, 短期ではきわめて近視眼的であることを示唆している. これは時間の経過とともに選好が変化するということであり, 時間非整合的選好 (time inconsistent preference) と呼ばれ, 選好の逆転 (preference reversal) のひとつに数えられる.

プロスペクト理論のバリエーション

プロスペクト理論の代替理論あるいはそのバリエーションとして，いくつかの認知的意思決定論が提案されている．いずれも認知的立場から人間の意思決定を記述する理論である．

Bell（1982; 1983; 1985）や Loomes and Sugden（1982）がそれぞれ独立して提唱した後悔理論（regret theory）は，プロスペクト理論の代替理論として有名である．人間はある意思決定をした後に，選択しなかった他の選択肢の結果を想像してその方が良い結果であると思われるとき，その意思決定を後悔する．後悔理論によれば，後悔を回避するため，人間は意思決定を行うときに，その後の感情を予想しこれを考慮して意思決定を行うという．後に後悔することのないように意思決定することを後悔回避（regret aversion）と呼ぶが，これは行動したことを後悔する作為の後悔（regret of commission）と，行動しなかったことを後悔する不作為の後悔（regret of omission）に大別できる．

後悔理論においても，リスク回避やアレのパラドックス，エルズバーグの壺，選好の逆転などを説明することができるし，プロスペクト理論と異なる予測をすることは少ないといわれる[57]．

角田（2004）は，後悔理論とともに，理由に基づく選択（reason-based choice）もプロスペクト理論のバリエーションに分類している[58]．これは，理由の光と影（reason pro and con[59]），決定麻痺（choice under conflict[60]），選言効果（disjunction effect[61]），文脈依存選好（context-depend preference）に大別される．さらに，文脈依存選好には，条件の対比（contrast of condition），極端の回避（extremeness aversion）などがある[62]．

行動ファイナンスの基礎理論である認知的意思決定論は，けっして単一理論ではなく理論群であることに留意しなければならない．

5. 結びに代えて

　本章では，期待効用理論およびプロスペクト理論と呼ばれる選好の基礎理論を概観し，この分野の代表的・先駆的論文に拠りながら各種のバイアスを整理し，現実世界の非効率的な証券市場における株式投資を考察してきた．

　本章の最後に，規範的アプローチ（normative approach）と記述的アプローチ（descriptive approach）および処方的アプローチ（prescriptive approach）という観点から，不確実性下の意思決定論を考察して結びに代えたい．

　不確実性下の意思決定研究において，従来の主流派経済学が展開してきた期待効用理論やゲーム理論はいずれも規範的アプローチである．これに対して，プロスペクト理論をはじめとする行動ファイナンスの基礎理論は，記述的アプローチを採る．前者はあるべき合理的選択を追及するのに対して，後者は人間はどのような選択を行うのかという行動の記述に重点を置く．記述的アプローチでは合理的選択を規範とし，規範からの逸脱（departure from norm）がどのように起こるのかを考察の対象とする．行動ファイナンスにおけるバイアスとは，規範解を基準として観測される現象である．

　規範からの逸脱を考察すれば，人間がより良い選択を行うにはどうすればよいかという処方的アプローチが登場するのは自然なことであろう．プロスペクト理論をはじめとする行動ファイナンスの基礎理論は，記述理論，処方理論として発展していくことになる．

注)

　1）市川（1997）170-174 頁.

　2）角田（2004）6 頁の表の分類による.

　3）規範（normative）理論とは論理的あるいは経験的に結論を導くことができないために，結論が価値観に依存する理論を指す．これに対して，実証（positive）理論とは，論理や事実で証明することのできる理論を指す.

　4）Bernoulli（1738）英語版 p. 31. Bernstein（1996）p. 106.

　5）因みに，Durand（1959）は，サンクト・ペテルブルクのパラドックスを無限

に利益成長するかのような高成長株の妥当株価の分析に応用している.

6) Bernstein（1996）: Ch. 6.

7) Bernoulli（1738）英語版 p. 23. 傍点は英語版ではイタリックを示す.

8) Bernoulli（1738）英語版 pp. 23-24.

9) Bernoulli（1738）英語版 p. 24.

10) Bernoulli（1738）英語版 p. 24.

11) Bernoulli（1738）英語版 p. 24.

12) Bernoulli（1738）英語版 p. 25.

13) Bernoulli（1738）英語版 p. 25.

14) Bernoulli（1738）英語版 p. 31.

15) Bernoulli（1738）英語版 pp. 32-33.

16) Sharpe（1964）pp. 426-427. 傍点は原文ではイタリックを示す.

17) 俊野（2004）3 頁.

18) Varian（1999）: Ch. 12.

19) 俊野（2004）23 頁.

20) Varian（1999）: Ch. 12 によれば，不確実性下の意思決定問題で使われるもう
ひとつの効用関数は，次式のようなコブ゠ダグラス型の効用関数である.

$$u(c_1, c_2, \pi, 1-\pi) = c_1^{\pi} c_2^{1-\pi}$$

この効用関数の対数をとって線形変換すると次式を得る.

$$\ln u(c_1, c_2, \pi, 1-\pi) = \pi \ln c_1 + (1-\pi) \ln c_2$$

$v(c) = \ln c$ とすれば，次式の期待効用関数を得る.

$$u(c_1, c_2, \pi, 1-\pi) = \pi v(c_1) + (1-\pi) v(c_2)$$

21) Varian（1999）: Ch. 12.

22) 凹関数は関数上の二点を結んだ線分が常に関数の下に位置する. 他方，凸関数
はその線分が常に関数の上に位置する.

23) 角田（2004b），広田他（2006），俊野（2004）などをもとに整理した.

24) Allais（1953）アレは 1988 年にノーベル経済学賞を受賞している.

25) Allais（1953: 527）も示しているが，各選択肢の期待値は次の通りである.
A：100 万フラン，B：139 万フラン，C：11 万フラン，D：50 万フラン.

26) 因みに，各選択肢の期待値は次の通りである. A：2,409 ドル，B：2,400 ド
ル，C：825 ドル，D：816 ドル.

27) Kahneman and Tversky（1979）p. 265.

28) Ellsberg（1961）

29) Fox and Tversky（1995）

30) Simon（1955）サイモンは 1978 年にノーベル経済学賞を受賞している.

31) Simon（1957）

32) Kahneman and Tversky（1979）

158

33) Kahneman and Tversky（1979）p. 263.

34) Kahneman and Tversky（1979）p. 263-264.

35) Kahneman and Tversky（1979）p. 275-276.

36) reflection effect に「鏡像効果」という訳語を当てることもある．

37) この 2 つの相場格言は，日本証券業協会「相場格言集」より引用した．「相場格言集」は「（旧）証券広報センターが 1971 年に発刊した「格言は生きている」という小冊子の内容を転載したもの」（https://www.jsda.or.jp/jikan/proverb/ 2024 年 6 月 1 日閲覧）である．

38) Thaler and Johnson（1990）

39) 西村（1996）3 頁．

40) Robbins（1935）p. 16. 訳 25 頁．

41) Tversky and Kahneman（1992）in *CVF* : 57-59.

42) Tversky and Kahneman（1992）in *CVF* : 58-59.

43) この場合，ドリフトとは株式の期待収益率のことである．企業価値が変化しない短期において，当該株式の期待収益率がゼロになると仮定するのは自然なことであろう．

44) 角田（2004）168-169 頁および 143 頁．なお，近視眼的損失回避はフレーム矮小化によって起こることから，後述するフレーミング効果のひとつに数えられる．

45) Benartzi and Thaler（1995）in *CVF* : 303. 括弧内も原文．

46) Benartzi and Thaler（1995）in *CVF* : 312.

47) Thaler and Johnson（1990）ハウスとはカジノハウスのことである．

48) Shafir et al.（1997）

49) Mazur（1987）

50) Green et al.（1994）

51) Roelofsma and Keren（1995）

52) Loewenstein（1988）

53) Loewenstein and Prelec（1992）

54) Loewenstein（1988）

55) Loewenstein and Prelec（1993）

56) Prelec and Loewenstein（1998）

57) 広田他（2006）54 頁．

58) 角田（2004）6 頁．

59) Shafir et al.（1993）

60) Shafir et al.（1993）

61) Shafir et al.（1993）

62) Tversky and Simonson（1993）

第XI章
ヒューリスティック
——認知上のバイアス

　期待効用理論の公理の現実的な妥当性を問題視したハーバート・サイモンは，限定合理性や満足化基準という概念を提起した．限定合理性や満足化基準は，カーネマン＝トゥベルスキーらのその後のヒューリスティック研究に道を拓いた．

　ヒューリスティック（heuristic）は「簡便法」あるいは「発見法」と訳される認知上のバイアスのことであり，その本質は「答えの転用」である[1]．これはコンピュータなどで問題を解くための手順を意味するアルゴリズム（algorithm）に対置される概念である．ヒューリスティックは，代表性，利用可能性，アンカリングの3つに大別される．

　本章では，この分野の代表的・先駆的論文に拠りながら各種のヒューリスティックを整理し，これを株式投資の観点から考察する．

1. 代表性ヒューリスティック

代表性ヒューリスティックとは

　代表性ヒューリスティック（representative heuristic）とは代表的・典型的と思われるものを答えに転用することを指し[2]，妥当性の錯覚（illusion of validity）とも呼ばれる．代表性ヒューリスティックの研究としては，Tversky and Kahneman（1982）の「リンダ問題」が有名である．

160

Sakagami and Hastjarjo（2001）は日本とインドネシアの大学生を対象に「リンダ問題」を含む13の問題を用いて心理実験を行い，不確実性下の意思決定の国際比較研究を行っている[3]．ここではその中から次の「リンダ問題」を取り上げる．

問題　リンダは31歳，独身で，意見を率直に言い，また非常に聡明です．彼女は哲学を専攻していました．学生時代，彼女は差別や社会正義の問題に深く関心を持ち，反核デモにも参加していました．彼女についてもっともありそうな選択肢を選んでください．
A：リンダは銀行の出納係である．
B：リンダは銀行の出納係であり，かつフェミニスト運動の活動家である．

（広田他 2006: 59）

Sakagami and Hastjarjo（2001）によれば，日本では回答者の74.5％がBを選択し，インドネシアでは回答者の88.7％がBを選択するという．Bは2つの事象の連言（conjunction）事象であり，Bの生起確率がAの単一事象の生起確率より大きくなることはない．それにもかかわらず，リンダに関するシナリオが詳細であるため，その代表性とありそうな見込みが増大し，妥当性の錯覚が生じてしまうという．このような錯誤を連言錯誤（conjunction fallacy）と呼ぶ．これはシナリオから因果的説明を読み取ってしまうために起こるといえるだろう．

少数の法則

Tversky and Kahneman（1971）は，少数の法則（law of small numbers）と呼ぶ代表性ヒューリスティックを提唱している．これは統計学の大数の法則（law of large numbers）をもじって付けられた名称である．大数の法則とは，ダニエル・ベルヌーイの伯父である数学者のヤコブ・ベルヌーイによって1713

第XI章　ヒューリスティック　161

年に確立された統計学の定理であり，母集団からランダムに抽出した標本が十分に大きいならば，標本は母集団を代表しているというものである．これに対して，Tversky and Kahneman（1971）の少数の法則とは，小さい標本でも母集団を代表していると誤って信じてしまうことである．

コイン投げのゲームにおいて裏が4回続けて出ると，人間は次は表が出る確率が高いのではないかと思いがちである．各試行は独立しているため，5回目に表が出る確率はやはり2分の1であるにもかかわらず，このように錯誤することを賭博者の錯誤（gambler's fallacy）という．偶然のゲームに自己修正傾向（self-corrective tendency）があると誤認しているのである．これはランダム系列の誤認知（misperception of random sequence）と呼ばれ，代表性ヒューリスティックのひとつに数えられる．

株式投資においても，4営業日にわたって下げ続けた株式が翌営業日に下がる確率は$(1/2)^5 = 1/32$であり，次は32分の31という高い確率で上がると考える向きもあるようである．しかし，株価がランダム・ウォークに従うならば，翌営業日に上がる確率はやはり2分の1である．

ホットハンドの誤り

米国バスケット・ボール界では「ホットハンド」という言葉が使われる．これはシュートを決めた選手が，次のシュートを決める確率が高まると思われていることを指す．つまり，特定の選手の連続するシュート間の成功率には，系列相関があると考えられている．これが事実であるのか，あるいは迷信にすぎないのか，Gilovich et al.（1985）は，NBA（National Basketball Association）のフィラデルフィア76ersの1980-81年のホームゲーム48試合の各選手のシュート記録を分析し，これを検証している[4]．

その結果，有意な系列相関は発見できず，ホットハンドは迷信であることが明らかになった．こうした偶然の事象に対する過剰反応（overreaction to chance events）はホットハンドの誤り（hot hand fallacy）と呼ばれる．ランダム系列の

誤認知によって，人間は偶然の事象に対して規則性や因果関係を読み取ってしまう性向がある．とりわけ，複数の偶然の事象から誤って因果関係や相関関係を読み取ってしまう性向を，それぞれ錯覚的因果関係（illusionary attribution），錯覚的相関関係（illusionary correlation）という．

株式投資においても，過去数年間の投資パフォーマンスの良いファンド・マネジャーは，資金提供者である投資家から今後も高いパフォーマンスを上げると盲信されがちである．また，過去数年間の株式収益率の高かった銘柄が成長株として投資家の人気を集めることはよく見られる現象である．

しかし，第Ⅵ章で見たように，投資家は全体として過剰反応するために，過去2，3年の株式収益率がとくに高かったり，低かったりした銘柄はその後に平均回帰する傾向がある．すなわち，過去2，3年の株式収益率が高かった銘柄から構成される勝ち組ポートフォリオ（winner portfolio）は，その後に株価が平均回帰するために市場平均を下回る投資パフォーマンスしか上げられない．反対に，過去2，3年の株式収益率が低かった銘柄から構成される負け組ポートフォリオ（loser portfolio）は，その後に株価が平均回帰するために市場平均を上回る投資パフォーマンスを上げることができる．

ところで，プロ・スポーツの世界には，「2年目のジンクス」と呼ばれる現象がある．これは，プロ野球などで新人王を獲得するような優秀な成績を上げた新人選手の翌年の成績が概して振るわないことを指す．これは1年目に実力以上の成績を上げたため，言い換えると，平均から大きく乖離した異常値を出したため，翌年に平均回帰したものとみることができる．実力通りの成績で新人王が獲れるほど，プロ・スポーツの世界は甘くないのかもしれない．

「2年目のジンクス」のように，平均回帰の程度を過小評価したり無視したりすることを回帰の過小評価（under-weighting of regress）と呼ぶ．これも代表性ヒューリスティックのひとつに数えられる．

第XI章　ヒューリスティック　163

標本の大きさの無視──「病院問題」

Tversky and Kahneman (1974) は次のような「病院問題」を用いて，人間が標本の大きさを無視あるいは軽視しがちであることを考察している．なお，カッコ内は回答者数を示す．

問題　ある町に2つの病院がある．大きい病院では毎日約45人の赤ん坊が生まれ，小さい病院では毎日約15人の赤ん坊が生まれる．周知のように，約50％の赤ん坊が男児である．しかしながら，正確な比率は日々変化する．時には50％を超えるし，時には下回る．1年間にわたって，それぞれの病院では生まれた60％以上の赤ん坊が男児であった日を記録した．あなたは，そのような日が多く記録されたのは，どちらの病院だと思うか．

A：大きな病院（21）

B：小さな病院（21）

C：ほぼ同じ（つまり，互いに5％以内）（53）

(Tversky and Kahneman 1974: 1125)

生まれる赤ん坊のすべてを母集団とすると，大きな病院の方が標本は大きくなる．標本が大きい方が母集団の性質を表しやすい．反対に，小さな病院では標本が小さいので，母集団平均からのズレが生じやすい．このため正解はBとなるが，過半数の回答者がCを選択している．これは標本の大きさへの感受性の低さ (insensitivity of sample size) あるいは標本の大きさの無視 (sample size neglect) と呼ばれるもので，代表性ヒューリスティックのひとつに数えられる．

投資信託のパフォーマンス評価においても，たかだか過去数年の好成績を見て，そのファンド・マネジャーの能力を過大評価してしまう投資家は多い．これは投資家が標本の大きさを無視しているといえるだろう．

基準率の無視——「スティーブ問題」

　Tversky and Kahneman（1974）は「スティーブ問題」を用いて，人間が基準率（base rate）を無視しがちであることを考察している．基準率とは情報が得られる前の確率のことであり，事前確率（prior probability）とも呼ばれる．「スティーブ問題」とは，被験者に次のような描写を与えた後に，職業のリストからスティーブの職業を予測させる問題である．

> 以前の隣人は彼を次のように評していた．「スティーブはとても内気で遠慮がちで，いつも力になってくれるが，人びとや現実世界にあまり関心がない．控え目で几帳面で，整理整頓が好きで，細かいことにも気配りをする．」
>
> （Tversky and Kahneman 1974: 1124）

　この描写を与えられた後に，職業のリストからスティーブの職業を予測し，最もありそうな職業から順に順位を付けるように指示をされると，人びとはどのようにその可能性を評価するだろうか．職業リストには，農民，セールスマン，飛行機のパイロット，図書館司書，医師が載っている．Tversky and Kahneman（1974）によれば，この描写は図書館司書のステレオタイプであるため，人びとは代表性ヒューリスティックに囚われて，スティーブは図書館司書である可能性が高いと予測してしまうという．

　米国には多数のセールスマンがいるが，それに比べて図書館司書は僅かである．したがって，スティーブが図書館司書である確率はセールスマンである確率より小さい．この確率が基準率となるのだが，先の描写が与えられると，基準率を無視した判断がなされてしまう．これは基準率の無視（base-rate neglect）と呼ばれ，代表性ヒューリスティックのひとつに数えられる．

ベイズの定理の違反——「タクシー問題」

　少数の法則，標本の大きさの無視，基準率の無視はいずれもベイズの定理

第XI章　ヒューリスティック　165

（Bayes' theorem, Bayes' formula）の違反に分類される．Tversky and Kahneman
（1982b）の有名な「タクシー問題」を例にこれを考察しよう．

問題　あるタクシーが夜にひき逃げ事故を起こした．その町ではグリーン社
とブルー社という2つのタクシー会社が営業している．判明しているデータ
は次の通りである．

(a)その町のタクシーの85％がグリーン社のもので，15％がブルー社のもの
　である．

(b)目撃者は，事故を起こしたタクシーはブルー社であるとした．法廷はその
　事故の夜と同じ環境下で目撃者の証言の信頼性を検証し，その時刻に二つ
　の色を80％の確率で正しく見分けるが，20％の確率で見誤るとの結論を
　下した．

その事故を起こしたタクシーがグリーン社ではなくブルー社である確率はい
くらか．

（Tversky and Kahneman 1982b, *JU* : 156）

「タクシー問題」のように，事前確率を新たな情報によって改訂する場合，
ベイズの定理を使うことができる[5]．ベイズの定理によって更新された確率を事
後確率（posterior probability）という．また，ある状況下である事象が起こる確
率を条件付確率（conditional probability）という．ベイズの定理は，事象 A の事
前確率と既知の条件付確率を用いて事後確率を求めることができる定理であ
る．

　$p(A)$ を仮説 A の事前確率，$p(A')$ を仮説 A の排反事象である仮説 A' の事前
確率（A' は A の補集合），$p(B|A)$ を仮説 A が与えられたときの結果 B の条件
付確率，$p(B|A')$ を仮説 A' が与えられたときの結果 B の条件付確率，$p(A|B)$
を結果 B が与えられたときの仮説 A の事後確率とすると，ベイズの定理は次
のような公式で表される．

$$p(A|B) = \frac{p(B|A)\,p(A)}{p(B|A)\,p(A) + p(B|A')\,p(A')}$$

ここで，$p(B)$ をブルー社（B社）のタクシーが事故を起こした確率，$p(G)$ をグリーン社（G社）のタクシーが事故を起こした確率とすると，事前確率はその町のタクシーの構成比になる．

$$p(B) = 0.15$$
$$p(G) = 0.85$$

「事故を起こしたタクシーはB社である」との目撃者の情報を W とすると，尤度比（likelihood ratio）はその情報の信頼性になる．

$p(W|B) = 0.8$ （目撃者情報はB社で，B社のタクシーが事故を起こした条件付確率）

$p(W|G) = 0.2$ （目撃者情報はB社で，G社のタクシーが事故を起こした条件付確率）

事前確率と条件付確率をベイズの定理の公式に代入すると，B社のタクシーが事故を起こした事後確率は次のようになる．

$$p(B|W) = \frac{p(W|B)\,p(B)}{p(W|B)\,p(B) + p(W|G)\,p(G)}$$

$$p(B|W) = \frac{0.8 \times 0.15}{0.8 \times 0.15 + 0.2 \times 0.85} \fallingdotseq 0.41$$

B社のタクシーが事故を起こした事後確率は約41%，したがってG社のタクシーが事故を起こした事後確率は約59%になる．目撃者情報の信頼性が80%と高いにもかかわらず，B社が事故を起こした確率の方が低いのである．これは基準率の無視と呼ばれるケースである．

第XI章 ヒューリスティック 167

規範理論である期待効用理論やゲーム理論では，人間はベイズの定理にしたがって意思決定を行うと想定している．しかし，Tversky and Kahneman (1982b) の研究によれば，基準率を無視するなど，人間は実際にはベイズの定理に違反して意思決定を行っている．

株式投資においても，当初の情報がその後の情報によって改訂されていくことは多い．少数の法則，標本の大きさの無視，基準率の無視などは，いずれも投資家が陥りやすい罠といえる．

「感染者問題」──専門家でも陥るバイアス

Casscells et al.（1978）の「感染者問題」もベイズの定理に違反する基準率の無視の例として有名である[6]．

問題　その罹患率が 1000 分の 1 の病気を発見する検査が 5％の確率で誤って陽性の診断を出す場合，陽性の診断をされた人が実際にその病気に罹患している確率はいくらか．その人の症状や兆候については何も知らないと仮定して答えよ．

（Casscells et al. 1978: 999）

「感染者問題」はハーバード大学医学部の学生とスタッフを対象に行われた心理実験であるが，回答者のおよそ半数が罹患率を 95％と回答したという．

ベイズの定理を用いてこの問題を解いてみよう．$p(A)$ を罹患率，$p(A')$ を非罹患率，$p(B|A)$ を検査が陽性で罹患している条件付確率，$p(B|A')$ を検査が陽性で罹患していない条件付確率とすると，それぞれ次のようになる．

$$p(A)=0.001$$
$$p(A')=0.999$$
$$p(B|A)=0.95$$
$$p(B|A')=0.05$$

実際に罹患していて検査が陽性である $p(A|B)$ 確率は次のようになる.

$$p(A|B)=\frac{0.95\times0.001}{0.95\times0.001+0.05\times0.999}≒0.01866$$

ベイズの定理によれば,正解は約 1.9％になる.

Casscells et al.（1978）の研究は,たとえ専門家であっても,ベイズの定理に違反して基準率を無視してしまうことを明らかにしている.

2．利用可能性ヒューリスティック

次に,利用可能性ヒューリスティック（availability heuristic）について考察しよう.利用可能性ヒューリスティックとしては,検索容易性,顕著性,具体性,親近性,鮮烈さ,想起容易性,順番効果などが指摘されている.

Tversky and Kahneman（1973）は検索容易性（retrievability）と呼ばれる検索しやすさによるバイアスを考察している[7].すなわち,典型的な英語のテキストを選び,r で始まる単語と 3 文字目が r の単語の登場する頻度を数える場合に（3 文字未満の単語は除く),どちらの頻度が大きいか,そして両者の比率を被験者に推計させる実験を行っている.

152 人の被験者のうち 105 人が r で始まる単語が多いとし,47 人が 3 文字目が r の単語が多いと回答した.また,比率の回答の中央値は 2 : 1 であった.実際には 3 文字目が r の単語の方が多いのだが,被験者は検索容易性のためにこうした回答をする傾向があるという.因みに,Tversky and Kahneman（1973）は同様の実験を k, l, n, v に関しても行っているが,同様の結果を得ている.

Slovic et al.（1982）は,米国の死亡原因別の死亡者数を被験者に推定させる実験を行っている.Slovic et al.（1982）は,交通事故や殺人などの目立ちやすく想起しやすいものは実際の死亡者数より過大に推定され,他方,糖尿病,胃がん,脳溢血,心臓病などの一般的な疾病は過小に推定されることを明らかに

第XI章　ヒューリスティック　169

している．目立ちやすいものを過大評価することを顕著性（salience），想起し
やすいものを過大評価することを想起容易性（conceivability）という．

　たとえば，事故死の場合でも，自動車事故よりも飛行機の墜落事故の方がテ
レビなどの報道が鮮烈で，人びとの印象に残りやすい．旅行保険が実際のリス
クを超えて選好されるのは，飛行機の墜落事故の鮮烈さ（vividness）や想起容
易性によるものであろう．

　この他にも，親しみがあり思い出しやすいものを過大評価する親近性
（familiarity），具体的なものほど過大評価してしまう具体性（concretion），人間
は最初に示された情報より最後に示された情報から強い影響を受ける順番効果
（order effect）などが指摘されている．

3．アンカリング

　初期値や出発点が船の錨のように人間の意識に根を張り，それに反する情報
が登場しても調整が不十分にしかなされないことを，アンカリングあるいはア
ンカリングと調整ヒューリスティック（anchoring and adjustment heuristic）と
いう．[8]

　アンカリングは初期値が与えられたときだけでなく，不完全な計算に基づき
推計する場合にも起きる．Tversky and Kahneman（1974）は次のような心理
実験を行っている．すなわち，高校生の２つのグループに，黒板に書いた次の
数式を見せて５秒以内に答えさせる．ひとつのグループにはAを，もうひと
つのグループにはBを見せてその積を答えさせる．

A：$8 \times 7 \times 6 \times 5 \times 4 \times 3 \times 2 \times 1$

B：$1 \times 2 \times 3 \times 4 \times 5 \times 6 \times 7 \times 8$

（Tversky and Kahneman 1974: 1128）

この問題に素早く答えるために，被験者はまず計算の数ステップ行い，外挿や調整によって積を推計する．Ａを提示されたグループの回答の中央値は2,250であり，Ｂを提示されたグループのそれは512であった．正解は40,320である．

Ａを提示された被験者は大きい数字の計算を途中まで行うので，小さい数字の計算を途中まで行った被験者よりも大きな数字を答えている．これはアンカリングと不十分な調整を示すものとして，とても有名な実験である．

株式の相場格言に「高値覚え」「安値覚え[9]」というものがある．これらは投資家が当初の株価にアンカリングされていることを示している．たとえば，ある企業が業績の低迷から業績の下方修正を行い，株価が下落基調に転換したとする．この場合，バリュエーション的にはとても正当化できない株価であるにもかかわらず，投資家は当初の株価に比べて下落後の株価を割安に感じて買ってしまうことがある．相場格言ではこれを「高値覚え」というが，行動ファイナンスの用語で言えば，投資家が当初の株価にアンカリングされて，合理的な行動がとれなかったということになる．

4．結びに代えて──行動ファイナンスの終焉

サイモンの限定合理性や満足化基準は，カーネマン＝トゥベルスキーらのその後のヒューリスティック研究に道を拓いた．本章では，ヒューリスティックを，代表性，利用可能性，アンカリングの3つに大別し，これを株式投資の観点から考察してきた．

非合理的あるいは限定合理的な投資家心理は，人間心理に基づくゆえにきわめて系統的な側面を持つ．これを知ることは投資家にとって「己を知る」ことにもなり，株式投資を行う上ではきわめて有益であろう．

こうした学習を通じて，人間はより合理的になりうるだろうか．それとも，非合理的あるいは限定合理的な行動を繰り返すのだろうか．これについては，

第XI章　ヒューリスティック　171

行動ファイナンスの研究成果の普及とさらなる実証研究を俟たねばならない.

　とはいえ，近年，長足の進歩を遂げる脳科学の研究成果を見れば，行動ファイナンスの研究成果の普及や実証研究を俟つまでもなく，人間は非合理的あるいは限定合理的な行動を繰り返すといえそうである[10].

　すなわち，fMRI（functional Magnetic Resonance Imaging：機能的磁気共鳴映像装置）の開発によって，脳を傷つけることなく，人間の脳活動に伴う血流動態反応を見ることができるようになった.　これによって人間の認知や意思決定における脳の活動部位を特定することが可能となり，たとえば収益率やリスクを認識する際に使われる脳の部位が異なることが明らかになってきた.　こうした近年の脳科学の研究成果は，人間が収益率やリスクを一体として捉えることが生来的に困難であることを示唆している.　人間の脳は，MPTや期待効用理論が想定するほど合理的に活動することは生来的に困難なようである.

　最後に，リチャード・セイラーの「行動ファイナンスの終焉」という逆説的なタイトルの論文から，次の文章を引用したい.　経済学としては異端の研究として始まった行動ファイナンスであるが，米国のファイナンス研究においては，もはや異端ではないのかもしれない.

　　「行動ファイナンスはもはやかつてのように論争的な主題ではない.　金融経済学者が株価を動かす人間行動の役割を考察することに慣れるにつれて，人びとは過去15年間に公刊された論文を振り返り，何に関して騒々しい論争をしていたのか不思議に思うだろう.　そう遠くない将来，「行動ファイナンス」という用語は冗長な言葉遣いと考えられることが妥当となるだろうと私は予言する.　他にどんな種類のファイナンスがあるのだろうか.　研究活動（enlightenment）において，経済学者は現実世界において観察したのと同じくらい多くの「行動」を日常的にモデルに組み入れるだろう.　結局，そうしなければ非合理的であろう[11].」

こう述べていたセイラーは，その16年後の2015年に米国経済学会会長に就任した.　そして，セイラーは行動経済学への貢献を評価されて，2017年10月に

ノーベル経済学賞を単独で受賞している.

注)

1) 角田（2004）166 頁.
2) 角田（2001）34 頁. なお, representative に「典型性」という訳語を当てることもある.
3) 出典は広田他（2006）59 頁および 78-79 頁.
4) Gilovich et al.（1985）が NBA のチームの中からこのチームを調査対象としたのは, シュートの成功・失敗の順序を記録していたのは, このチームだけであったからである.
5) ベイズの定理については, 繁桝（1995）, 市川（1998）が詳しい.
6「感染者問題」は, Tversky and Kahneman（1982b）, *JU*: 154 より転載した.
7) Tversky and Kahneman（1973）, *JU*: 167.
8) anchoring に「固着性」あるいは「係留」という訳語を当てることもある.
9) 大和証券ホームページ「金融・証券用語解説集」（http://www.daiwa.jp/ja/glossary/index-s.html　2024 年 6 月 2 日閲覧）
10) 脳科学を応用した行動ファイナンスあるいは経済学は, ニューロファイナンス（neurofinance）あるいは神経経済学（neuroeconomics）と呼ばれる. 友野（2006）第 9 章第 2 節は, 近年の神経経済学研究を的確に考察している.
11) Thaler（1999b）p. 16.

第XII章
財政破綻リスクと資産運用戦略
——無リスク資産の存在しない現実世界で考える

　本書ではこれまで，MPT（現代ポートフォリオ理論）の誕生から行動ファイナンスの展開までの理論史を研究し，資産運用戦略への示唆を探ってきた．MPT と行動ファイナンスのいずれの議論においても，トービンの 1958 年論文（Tobin 1958）の公刊以降は，万人に利用可能な単一の無リスク資産の存在が想定されてきた．

　すなわち，MPT によれば，万人にとって最適ポートフォリオはグローバル市場ポートフォリオである．したがって，最も優れた株式投資法は世界の株式市場の忠実な縮小コピーを保有すること，すなわち世界中の株式市場の各銘柄を，その時価総額で加重して分散投資を行うグローバル運用となる．他方，MPT では，個人がどれだけのリスクをとるかは，各個人の選好に基づいて，リスク資産と無リスク資産の比率を決定すべきとされている．このアセット・アロケーションの決定において，無リスク資産とは，MPT の本家である米国では米国短期財務省証券とされているが，我が国では日本国債が無リスク資産とされてきた．こうした無リスク資産については，これまでほとんど考察されてこなかった．

　しかし，我が国の財政破綻の可能性を考慮すると，日本国債はもはや無リスク資産ではない．財政破綻は資本逃避と円安・ドル高をもたらす．本章では，我が国の財政状況と終戦後の預金封鎖と財産税の実際を考察することによって，日本国債はもはや無リスク資産ではないことを指摘する．

174

その上で，無リスク資産の存在しない現実世界の日本人（正確には日本国の居住者）の資産運用において，無リスク資産運用はどうあるべきかを考察する．それは，主として米国において展開されてきた証券投資論の理論史研究から，我が国の家計・年金基金の資産運用への示唆を探るためには，我が国の財再破綻リスクと資産運用戦略を，無リスク資産の存在しない現実世界で考えなければならないからである．

さらに，日本人の外貨建て資産運用が我が国経済に与える影響について考察する．

最後に，資産運用の観点から，我が国の政府債務残高の行方を考える．

1. 我が国の財政状況と終戦後の預金封鎖の実際

我が国の財政状況

我が国の中央政府と地方政府の債務残高は，2023年度末（予算）には1,280兆円に達し，その対GDP比率は224％となり，主要先進国の中で最悪の状態にある．このうち地方の長期債務残高は，1990年度末に67兆円，2012年度末に201兆円，2020年度末に192兆円，2023年度末に183兆円と2000年代初頭以降は横這いで推移している．これに対して国の長期債務残高は増大し続けている[1]．地方政府が債務残高の増大を抑制する一方で，国の財政状況は各年度のフローで見ても，各年度末のストックで見ても非常に厳しい．

財務省（2023: 7）によれば，1990年度から2023年度にかけて普通国債残高は897兆円増加している．この間の増加分の内訳は，歳出の増加が678兆円（うち社会保障関係費444兆円，地方交付税交付金等92兆円，公共事業関係費67兆円），税収等の減少が85兆円，90年度の収支差分による影響が94兆円（毎年度約2.8兆円の債務増の33年分），その他要因（国鉄等債務承継など）が40兆円となっている．高齢化を背景にした社会保障関係費の増加が顕著である．

他方，2011年に我が国の貿易収支は31年ぶりに赤字に転落し，2015年には5年連続で貿易赤字を拡大した（**図XII-1**）．我が国はこれまで加工貿易国として貿易黒字を稼ぎ，対外投資によって第一次所得収支黒字を拡大し，対外資産と外貨準備を積み上げてきた．このため経常収支黒字は維持しているが，加工貿易国としての日本経済の基本構造が揺らいでいる．今後，経常収支まで赤字となると，国債の市中消化が困難になり，長期金利の急騰やデフォルトといった財政破綻が起こらないとは言い切れない．

なお，財政破綻のメルクマールとなるデフォルト（債務不履行）は，対外デフォルトと国内デフォルトに大別できる．政府債務も自国通貨建てと外貨建てに大別できるので，政府債務のデフォルトは，①外貨建て債務の対外デフォルト，②自国通貨建て債務の対外デフォルト，③自国通貨建て債務の国内デフォルト，④外貨建て債務の国内デフォルトの4つに形式的には大別できる．このうち，現在の我が国で懸念されるのは②と③の自国通貨建て債務のデフ

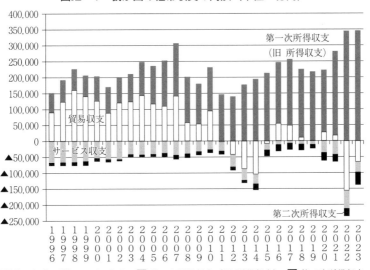

図XII-1　我が国の経常収支の内訳（単位：億円）

出所）財務省「国際収支総括表【暦年】」より筆者作成．

ォルトである．これを考えるために，次項では終戦後の我が国の財政と預金封鎖と財産税の実際を考察する．

預金封鎖と財産税──我が国の終戦後の実際

まず，預金封鎖と財産税が行われた終戦後の我が国のインフレと政府債務残高の状況を概観してみよう．終戦後の我が国では，生産が生存最低水準まで低下して，1947年下半期以降に急速にインフレが激化し，ハイパーインフレーションが引き起こされた（図XII－2）．この動きに符合して，政府債務残高の名目値も終戦後に急膨張している（図XII－3）．ハイパーインフレーションは国民所得の名目値も終戦後に急膨張させたので，その結果，我が国政府の国債借入金等の対国民所得比は終戦後に急落している（図XII－4）．これはハイパーインフレーションによって，我が国の政府債務残高の実質値が急減したこと

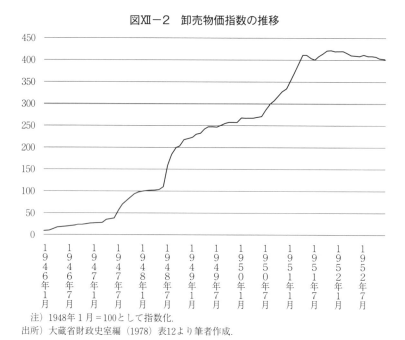

図XII－2　卸売物価指数の推移

注）1948年1月＝100として指数化．
出所）大蔵省財政史室編（1978）表12より筆者作成．

第XII章　財政破綻リスクと資産運用戦略　177

を示している.

　終戦後のインフレが高進していく中で，大蔵省主税局の1945年11月2日付の文書に現金預入と新円切替を行う案が登場する[2]. 政府債務残高の急増とインフレの高進という戦後の国家的危機の中で（**図XII-2・図XII-3・図XII-4**），財産税と合わせて預金封鎖を行うという構想は,「一億戦死」や「全国民戦死」という発想に基づいていた. 当時の大蔵大臣の渋沢敬三は「一ぺんみな死んだと思って相続税を納めることにしたって悪くないじゃないか[3]」と後に回想している.

　こうした構想は連合国軍最高司令官総司令部（GHQ）との折衝を経て，金融措置を含む「経済危機金融対策」として1946年2月10日以後に確定したと思われる. その後，1946年2月14日～16日までの3日間で，閣議，内奏，枢密院審議，各省・金融機関への内示，戦後通貨物価審議会への報告等の手続き

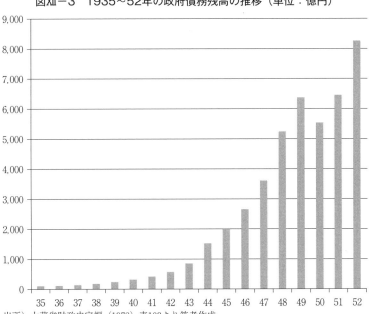

図XII-3　1935～52年の政府債務残高の推移（単位：億円）

出所）大蔵省財政史室編（1978）表103より筆者作成.

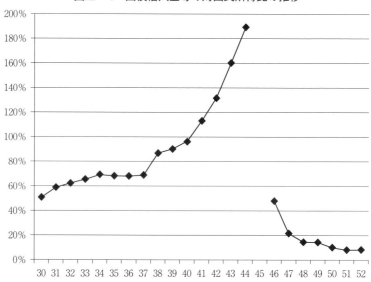

図Ⅻ-4　国債借入金等の対国民所得比の推移

注）国民所得は1945年までは暦年，1946年度以降は会計年度．
　　1945年は国民所得のデータがない．
出所）大蔵省財政史室編（1978）表108より筆者作成．

を経て，1946年2月16日（土）夕方に一連の法令と措置として公表された．その中で通貨金融関係として，「金融緊急措置令」「臨時財産調査令」「日本銀行券預入令」が公布され，2月17日より預金封鎖が実施された．

　これら一連の措置は2月16日の夕方に渋沢敬三蔵相がラジオ放送で演説して国民の知るところとなった[4]．敗戦を告げる玉音放送の半年後のことであった．

　預金封鎖とは，旧円の日本銀行券を失効させ新円に切り替えると同時に，新円の預金引出額を厳しく制限することで，事実上，預金を封鎖する措置である．旧円の日本銀行券（旧券）の保有者はそれを手許の置いておくと，1946年3月3日以降は旧券の強制通用力が失効するため銀行に預金せざるを得ない．3月7日までに預金された旧券（旧円）は，交換比率1：1で新円に切り

替えられる．しかし，新円預金は最低限の生活に必要な一定額（当初は月額世帯主300円，世帯員1人当たり100円）しか引き出すことができない．これは1948年7月に実質的に解除されるまで2年以上続いた．

我が国は戦時中の1942年に外国債の利払いを停止していたので，既に外貨建て債務の対外デフォルトを行っていた．この対外デフォルトは1952年まで継続していたので，戦後に問題となっていたのは自国通貨建て債務の国内デフォルト問題であった．この国内デフォルトを回避するために，預金封鎖を行った政府は1946年7月24日に戦時補償全面打ち切りを閣議決定し，1946年11月12日に財産税法を公布している．この財産税法は税率を25％〜90％の14段階に設定して，国民の金融資産，不動産及び動産に課税するものであった．

預金封鎖の下での戦時補償全面打ち切りによって多くの企業及び銀行は債務超過に陥ったが，「債務超過状態を解消するために，本来であれば国が国債を発行してでも調達すべき，民間金融機関に投入する公的資金を，国民の預金の切り捨てで賄ったのである[5]」．

岡崎・吉川（1993）によれば，「1946年中総預金の約70％が封鎖されていたが，その間にインフレのため封鎖預金の実質価値は1/4に低下した[6]」．こうしたインフレは分配面で次のような効果を及ぼした．すなわち，第一に，「インフレのために国債の実質価値はほとんどゼロとなった[7]」．第二に，「戦争によって生じた不良債権の負担を，金融機関から預金者に転化した[8]」．第三に，「インフレのため小作地の譲渡が事実上無償[9]」となり，「インフレーションの過程における闇価格と公定価格の乖離は，自営業者に多額のレントを取得させ，反面で雇用者と法人企業は大きな不利益を被った[10]」．

こうした我が国の終戦後の経験は，インフレ税が分配問題に帰結することを示唆している．すなわち，今後我が国においてインフレが激化した場合，年金受給者や給与所得者は不利益を被り，自営業者は利益を得る公算が大きい．激しいインフレになれば，インフレ税による年金支給額の実質的な減額は避けられないであろう．このため，家計でも年金基金でもドル建て資産を保有するこ

とが重要といえる.

　我が国の終戦後のハイパーインフレーションは生産力の回復とともに収束したことから，ハイパーインフレーションが実現するには，生産が生存最低水準まで低下して，財市場が極度の超過需要に陥ることが前提になる．その意味で，ハイパーインフレーションは生産力の高い現代の我が国では蓋然性のきわめて低いシナリオである．

　預金封鎖が実施されるシナリオについては，さらに蓋然性が低い．そもそも預金封鎖はハイパーインフレーションを抑え込むために導入された窮余の一策であり，インフレを抑えるために導入されたものではない．ハイパーインフレーションになっても必ず実施されるわけでもない．その一方で，現代において預金封鎖の副作用は計り知れない．すなわち，預金封鎖によって銀行預金の決済手段としての機能が損なわれるならば，大量の企業倒産が引き起こされるだろう．これはグローバル化した現代においては日本経済のみならず世界経済に計り知れない打撃を与える．預金封鎖は終戦後の混乱期に我が国で実施された政策であるが，今後のシナリオとしてはほぼあり得ないといってよいだろう．

　ただし，相続税の課税強化やマイナンバー（社会保障・税番号）の運用，国外財産調書制度や出国税（国外転出時課税制度）の創設など，我が国において資産課税を強化する動きは今後も強まっていくであろう[11]．

2．財政破綻リスクと資産運用戦略

日本国債は無リスク資産ではない

　終戦後に生産が生存最低水準まで低下して，財市場が極度の超過需要に陥っていた中で，我が国はハイパーインフレーションに陥った．そうした状況から脱却するために，傾斜生産方式とともに，預金封鎖・新円切替と財産税が実施され，国内デフォルトは回避された．

　こうした終戦後の経験を，実体経済の相違を無視して，生産力が豊富な現代

第XII章　財政破綻リスクと資産運用戦略　181

に当てはめることには無理がある．しかし，日本国債を無リスク資産と想定することは思考停止に陥ることになる．財務省（2016b）は，市場金利が1％上昇した場合，5年後の国債費は5.8兆円増加し，2％上昇した場合には12.0兆円増加すると試算している[12]．市場金利の急騰が財政破綻を招くリスクはゼロではない．日本銀行（2017）も，市場金利が1％上昇した場合，金融機関の保有する国債価格は7.1兆円下落（内訳は大手行▲2.2兆円，地域銀行▲2.8兆円，信金▲2.1兆円）すると試算している．金利が2％上昇した場合，金融機関の保有する国債価格は13.5兆円下落（内訳は大手行▲4.1兆円，地域銀行▲5.3兆円，信金▲4.0兆円）し，金利が3％上昇した場合には19.2兆円下落（内訳は大手行▲5.9兆円，地域銀行▲7.6兆円，信金▲5.7兆円）すると試算している[13]．市場金利の急騰による国債暴落は金融危機に直結し，スタグフレーションをもたらしかねない．

表XII－1は我が国の国債及び国庫短期証券（以下「国債」と記す）の保有者別内訳を，「異次元の金融緩和」開始直前と2016年3月末で比較したものである．日銀の国債保有が3年間で2.85倍に激増して，保有者別内訳の構成比は13.2％から33.9％に急増している．他方，国債の最大の保有者であった銀行は国債保有を大幅に減少させ（増減率▲33.1％），構成比は25.6％まで下落している．メガバンクは国債売却に積極的であるが，優良な貸出先が少ない地域金融機関は国債を満期まで保有する傾向が強い．公的年金も国債保有を減らしているが（増減率▲16.7％），これはGPIF（年金積立金管理運用独立行政法人）が2014年10月末にその基本ポートフォリオの変更を発表して，GPIFが国債保有比率を下げて株式保有を増大させていることと符合している．低金利で運用難に苦しむ生損保と年金基金の保有者別内訳の構成比は横ばいで推移している．家計はもともと構成比が低かったが，国債保有を大幅に減少させている（増減率▲43.2％）．

一方，国債保有を増大させているのは海外投資家である（増減率34.4％）．海外投資家の国債保有額は109.6兆円と過去最高水準を記録し，その構成比は

表XII－1　国債及び国庫短期証券の保有者別内訳

保有者	2013年3月期	構成比	2016年3月期	構成比	3年間の増減率
日本銀行	1,278,814	13.2%	3,644,156	33.9%	185.0%
銀行等	4,111,143	42.4%	2,751,034	25.6%	▲33.1%
生損保等	1,932,904	19.9%	2,125,410	19.8%	10.0%
公的年金	629,929	6.5%	524,955	4.9%	▲16.7%
年金基金	309,840	3.2%	346,248	3.2%	11.8%
海外	815,479	8.4%	1,096,041	10.2%	34.4%
家計	242,126	2.5%	137,556	1.3%	▲43.2%
その他	175,687	1.8%	99,792	0.9%	▲43.2%
一般政府（除く公的年金）	151,271	1.6%	24,727	0.2%	▲83.7%
合　計	9,691,227		10,749,924		10.9%

注）単位は億円．国債は財投債を含む．
原資料）日本銀行「資金循環統計」
出所）財務省『債務管理リポート』各号より筆者作成．

10.2％となっている．財務省「債務管理リポート」2023によれば，海外投資家による日本国債の保有割合は 13.8％，保有額は 165.8 兆円である．海外投資家は流通市場において活発な取引を行う傾向があり，2022 年 12 月末時点の売買シェアは，現物では 42.0％，先物では 71.7％と高いプレゼンスを示している．[14]

櫻川（2015）は「国債もまたリスクとは無縁ではなく，特に日本の厳しい財政状況からいって，20 ～ 30 年という長期でみれば，何割かの確率で日本の財政は破綻すると考えるのが自然である」と指摘している．[15]

このように我が国の財政破綻の可能性を考慮すると，日本国債はもはや無リスク資産ではない．櫻川（2015）は「財政破綻が起きると，資金が日本から海外へ逃避するので急激な円安が起きる．ドルレートが当初 100 円／ドルであったとして，少なくとも 50％程度の円安が起きるだろうから，150 円／ドルに下落する」と指摘している．[16] 財政破綻は資本逃避と円安・ドル高をもたらすので

ある.

ソブリン・シーリングと企業財務

　我が国の財政破綻リスクの増大は，日本国債（JGB）の格下げを引き起こす．本項では，ソブリン格付けと企業財務の関連を考える．ある国の企業の信用格付けはその国の信用格付け（ソブリン格付け）を上回ることができないといわれる．信用格付けにおけるこの上限は，ソブリン・シーリングと呼ばれる．

　米国格付け会社のS&P社によるJGBの格付けは，2001年までAAAであったが，我が国の財政悪化を受けて数次に渡って4段階引き下げられた．2015年9月にS&P社によってA+に格下げされたJGBは，中国（AA−）や韓国（AA−）のソブリン格付けを下回る事態に陥った．JGBの格下げは，社債を発行している事業会社の格下げを招き，事業会社の社債発行条件を悪化させ，資金調達コストを上昇させる．とりわけ銀行の格付けは国債の格付けを上回ることができないという不文律があるという[17]．JGBの格下げは邦銀の資金調達コストの上昇を招き，融資先企業の資金調達コストの上昇をもたらす．また，JGBの格下げは我が国の地方自治体の信用格付けを引き下げ，地方債の発行条件を悪化させる．

　JGBの格下げは，企業の資金運用のみならず，ソブリン・シーリングによって企業の信用格付けの低下を招き，企業の資金調達に負の影響を与える．企業財務の観点からは，むしろ資金調達におけるこの影響の方が重大であろう．もしも我が国が本当に財政破綻するならば，あるいは実質的な財政破綻状態に陥るならば，JGBの格下げは我が国企業の財務戦略を激変させるだろう．

　海外でキャッシュフローを稼ぐエクセレント・グローバル企業や，基幹的インフラを保有するエクセレント企業の場合はどうであろうか．日本経済新聞によれば，「トヨタ自動車やキヤノンなど世界で稼ぐグローバルな製造業でも，本国の日本国債を上回れるのは4段階まで[18]」という．また，「S&P社の仕組みでは，東京ガスやJR東海など国の規制が強い業種は2段階までしか上回れ

184

ない」という．極めて少数のエクセレント企業でさえも，ソブリン・シーリングから逃れることはできないのである．[19]

我が国の社会保障の給付と負担と財政破綻リスク

次に，我が国の国税収入と社会保障の給付と負担，及び人口構成の観点から，財政破綻リスクを考察する．現役世代と年金受給者の人口構成の変化は，法改正による税と社会保障の適切な改革なくしては，我が国の財政破綻リスクを顕在化させると思われるためである．

財務省（2023）によれば，2023年度（予算ベース）の我が国の租税及び印紙収入は69.4兆円である．これは好景気を反映して，近年では高水準の税収である．他方，歳出における社会保障は36.9兆円である．[20]

厚生労働省（2023）によれば，2023年度（予算ベース）の我が国の社会保障給付費は134.3兆円であり，このうちの60.1兆円が年金給付に当てられている（図XII−5）．この134.3兆円の給付を行うための負担の内訳を見ると，保険料が77.5兆円，国税が36.7兆円，地方税が16.4兆円である（図XII−5）．

つまり，好景気で税収が多いときの国税収入が69.4兆円である一方で，わが国は年60.1兆円の年金給付（現金給付）や41.6兆円の医療の現物給付，及び16.4兆円の自治体への地方交付税交付金等の交付などを行っている．[21]

国立社会保障・人口問題研究所（2023）によれば，2020年には3.5人に1人が65歳以上，2065年には2.6人に1人が65歳以上になると推計されている．[22] 今後，高齢化の進展によって現役世代と高齢者の比率が変化すると，現行の社会保障制度が維持できなくなることがわかる．

これは社会保障制度が破綻して無くなるということではなく，法改正による制度変更を迫られることは必然であるということだ．税と社会保障の改革が適切に行われない限り，高齢化による人口構成の変化は，今後我が国の財政破綻リスクを顕在化させるだろう．

第XII章　財政破綻リスクと資産運用戦略　185

図XII−5　社会保障の給付と負担の現状（2023年度予算ベース）

社会保障給付費　2023年度（予算ベース）　134.3兆円（対GDP比　23.5%）

【給付】　　　　　　　　　社会保障給付費

年金　60.1兆円（44.8%）《対GDP比　10.5%》	医療　41.6兆円（31.0%）《対GDP比　7.3%》	福祉その他 32.5兆円（24.2%）《対GDP比　5.7%》 うち介護13.5兆円（10.1%）《対GDP比　2.4%》

うちこども・子育て10.0兆円（7.5%）《対GDP比　1.8%》

【負担】

保険料　77.5兆円（59.3%）		公費　53.2兆円（40.7%）		積立金の運用収入等
うち被保険者拠出 41.0兆円（31.4%）	うち事業主拠出 36.5兆円（27.9%）	うち国 36.7兆円（28.1%）	うち地方 16.4兆円（12.6%）	

各制度における
保険料負担

国（一般会計）社会保障関係費等
※2023年度予算
社会保障関係費　36.9兆円
（一般歳出の50.7%を占める）

都道府県
市町村
（一般財源）

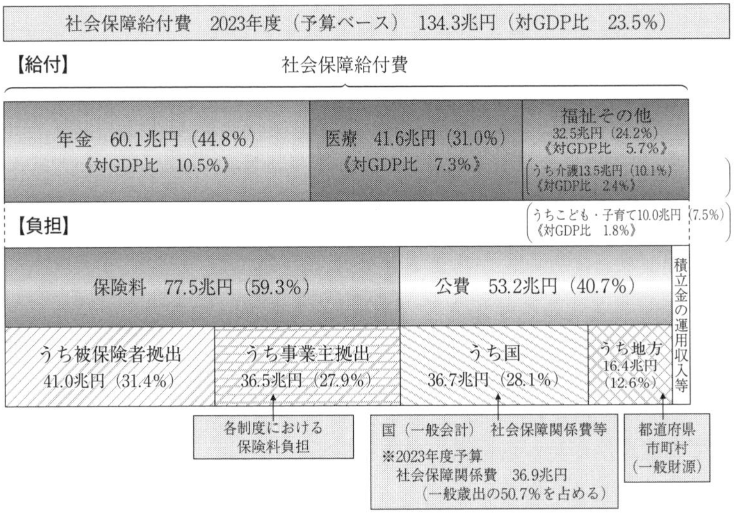

出所）厚生労働省（2023）より転載.

ドル建て無リスク資産の活用

　Tobin（1958）は単一のリスク資産と無リスク資産という概念を導入することによって，後に「分離定理」と呼ばれる MPT の中核となる理論を提唱した．すなわち，分離定理によれば，リスク資産と無リスク資産をどのような比率で保有するかというアセット・アロケーションは，各個人の選好や効用関数に依存する各個人の問題であり，一意的な解はない．しかし，Tobin（1958）の想定した無リスク資産は，無リスク資産の存在しない現実世界では米国短期財務省証券と解釈することが妥当であり，決して各国の国債が無リスク資産と想定されているわけではない．実際に，近年のアカデミックな研究において，月次データを用いてドル建てで投資パフォーマンスを計測する場合，無リスク金利として1カ月物米国財務省証券の市場利回りを用いることが一般的である[23]．すなわち，米国の経済経営系の学会では，一次近似として短期の米国財務省証券を無リスク資産であると想定している[24]．

日本人の資産運用において，日本国債を無リスク資産と想定することは妥当ではない．すなわち，MPT では，個人がどれだけのリスクをとるかは，各個人の選好や効用関数に基づいて，リスク資産と無リスク資産のアセット・アロケーションによって決定すべきとされている．しかし，日本人の資産運用において，我が国が財政破綻した場合に 50％程度の円安・ドル高が起きることを想定して，たとえばドル建て MMF（Money Market Fund）を保有するという形で米国短期財務省証券を無リスク資産としてアセット・アロケーションに組み入れる必要がある．これは個人の資産運用だけでなく，GPIF をはじめとする年金基金の資産運用においても必要な視点である．

外貨建て資産運用が我が国経済に与える影響

本章では，日本人の資産運用において，家計であれ年金基金であれ，ドル建て無リスク資産を活用するなど，外貨建て資産運用を行う必要性を提起してきた．我が国の家計や年金基金が外貨建て資産運用（リスク資産運用を含む）を行うことは，我が国の経済にどのような影響を及ぼすだろうか．

外貨建て資産運用の我が国経済への影響は，一見すると我が国経済にマイナスのように見えるが，実はそうではない．第一に，我が国の家計や年金基金が外貨建て資産運用を行うことは，我が国の第一次所得収支黒字を増大させ，経常収支黒字の増加をもたらす（**図XII−1**）．第二に，我が国の家計や年金基金が外貨建て資産運用を行うことは，外国為替市場においては円安圧力となり，円安は国内の輸出産業を利することによって我が国の貿易収支の改善につながる．第三に，円安は何よりも政府の財政規律を取り戻す圧力になる．財政破綻が懸念されるほど財政規律が弛緩した我が国において，これが最も重要であろう．

これは国債暴落（金利高騰）というシナリオを回避することに資するため，多額の政府債務残高を抱える我が国経済がソフト・ランディングに向かう可能性を高めるという意味で有益である．すなわち，我が国の家計や年金基金が外

第XII章　財政破綻リスクと資産運用戦略　187

貨建て運用比率を高めることは，急激な円安・株安・国債暴落（金利高騰）あるいは対外デフォルトといった激変を回避することに資する．つまり，我が国経済のハード・ランディングを避けることに資するのである．

3．結び

　MPT に基づくリスク資産運用は，世界中の株式市場の各銘柄を，その時価総額で加重して分散投資を行うインデックス運用であり，グローバル市場ポートフォリオによる運用である．他方，MPT に基づく無リスク資産の運用は，我が国では現在でもなお日本国債による運用が想定されている．無リスク資産の存在しない現実世界において，無リスク資産を想定することはそもそも一次近似であるが，我が国の財政破綻の可能性を考慮すると，日本国債はもはや無リスク資産ではない．

　財政破綻は資本逃避と円安・ドル高をもたらす．日本人の資産運用において，我が国が財政破綻した場合に 50％程度の円安・ドル高が起きることを想定して，これまで「無リスク資産」とされてきた資産の中身を再考する必要がある．これは決して困難なことではなく，個人の資産運用においては，ドル建て MMF を保有するだけで解決できる問題である．つまり，われわれは外貨建て資産を保有することによって，財政破綻といった国家のリスクと個人のリスクをほぼ切り離すことができるのである.[25]

　最後に，財政破綻が懸念されるほど拡大した我が国の政府債務残高の行方について，資産運用の観点から考察しよう．今後，高齢化の一層の進展によって，年金・医療・介護などの社会保障費の増大は必至である．社会保障費の削減を始めとする歳出削減と増税は強化されるが，それによる財政健全化は政治的抵抗がきわめて大きく，実現できないであろう．アベノミクスは経済成長による税収増によって財政健全化を図るという「上げ潮派」路線の延長線上に位置づけられるが，その限界も今後明確になるであろう．

政治的抵抗が比較的小さく，実現可能性の高い政策は日銀による金融抑圧（financial repression）である．すなわち，日銀は1桁台後半のインフレ率を目途に国債買入れを継続して金利を低水準に維持し，政府の国債利払いを低く抑える国債価格支持政策を行うだろう．つまり，政府と日銀はインフレ税によって政府債務残高の実質価値を減少させていくだろう．これは我が国の終戦後の政府債務処理と本質的には同じやり方である．

注)

1) 財務省（2023）6頁.

2) 大蔵省財政史室編（1976）71-72頁．以下，本項の我が国の終戦後の事実関係に関する記述については，主に大蔵省財政史室編（1976）に負う．

3) 大蔵省財政史室編（1976）69頁．回想日は1951年11月1日（同書91頁）.

4) 大蔵省財政史室編（1976）98-100頁.

5) 河村（2013）

6) 岡崎・吉川（1993）71-72頁.

7) 岡崎・吉川（1993）71頁.

8) 岡崎・吉川（1993）72頁.

9) 岡崎・吉川（1993）72頁.

10) 岡崎・吉川（1993）73-74頁.

11) 清武（2016）によれば，「特に画期的なのは自動的情報交換制度で，2017年以降，個人と非上場企業が海外に持つ金融口座の内容が，海外の税務当局を通じ，国税庁の「国税総合管理（KSK）システム」に入力されることになっている．国外財産調書をごまかしていればその時，国税庁がコンピュータに蓄積したデータがモノを言う．厳しい追及を受けることは必至だ」（同書179-180頁）.

12) 財務省（2016b）4頁.

13) 日本銀行（2017）41頁.

14) 財務省「債務管理リポート」2023，27頁.

15) 櫻川（2015）186頁.

16) 櫻川（2015）187頁．「50％程度の円安」に緻密な根拠があるわけではないようだが，議論の前提としては有用であると思われる．こうした前提をもとに，櫻川（2015）は，GPIFの運用比率を，国債30％，国内株式30％，海外資産40％とすることを提唱している（同書186頁）.

17) 本項の事実関係に関する記述については，主に日本経済新聞2016年4月1日「企業格付け 思わぬ天井」に負う.

第XII章　財政破綻リスクと資産運用戦略　189

18）日本経済新聞 2016 年 4 月 1 日前掲記事.

19）日本経済新聞 2016 年 4 月 1 日前掲記事. 同記事によれば, JGB を上回る格付けを持つ本邦事業会社は 13 社にすぎない.

20）財務省（2023）1-2 頁.

21）地方交付税交付金等の計数は, 財務省（2023）1 頁による.

22）国立社会保障・人口問題研究所（2023）は, 2065 年の我が国の人口は 9,159 万人, 65 歳以上人口割合は 38.4％と推計している（同 12 頁の死亡中位推計）.

23）たとえば, Fama and French（2012）p. 459 を参照されたい.

24）米国財務省証券を無リスク資産と想定することは, あくまでも一時近似であることに留意すべきである. 米国格付け会社の S&P 社によって AAA であった米国国債が, 2011 年 8 月に AA ＋に格下げされたことは記憶に新しい. 日本経済新聞（2011 年 8 月 6 日「米国債 初の格下げ」）によれば, これは 1941 年の現行制度開始以降初めてのことである. この背景には, 連邦債務の上限引き上げを巡る与野党対立があった.

25）ただし, 国内居住者に徴税権を持つ国家が財産税を課税することを考慮すれば, 国家のリスクと個人のリスクを完全に切り離すことはできない. 我が国の終戦後の経験はこれを示唆している.

おわりに——行動ファイナンスという思想革命

　行動ファイナンスはその斬新さゆえに「革命」と呼ばれる．主流派経済学が想定する合理性的経済人の仮定を捨て去り，非合理的あるいは限定合理的な経済人による市場経済を考察する経済学を，言い換えると，生身の人間が存在する経済学を打ちたてようとする知的試みであるからだ．「行動ファイナンスという革命」[1]を，トーマス・クーンの科学論の観点から考察して本書を締め括りたい．

　アノマリーとはギリシア語で基準からの逸脱という意味であるが，この言葉を広めたのはトーマス・クーン『科学革命の構造』であるといわれる[2]．アノマリー（変則性）の発見について，クーンは次のように述べている．

　　「発見は，変則性に気付くこと，つまり自然が通常科学に共通したパラダイムから生ずる予測を破ることから始まる．次に，その変則性のある場所を広く探索することになる．そしてパラダイム理論を修正して，変則性も予測できるようになってこの仕事は終わる．」[3]

これがクーンの描く通常科学の営みである．

　これに対して，クーンの言う「科学革命」とはどのようなものであろうか．科学論に造詣の深い経済学者である佐和隆光氏は，クーンの言う「科学革命」を次のように描写している．

　　「クーンは，その著『科学革命の構造』（1962 年，邦訳はみすず書房刊）で，〈範型〉（パラダイム）という概念を提案し，旧い〈範型〉が新しい〈範型〉によって，とってかわられる過程を，「科学革命」と呼んだ．クーンの言う〈範型〉とは，「一般に認められた科学的業績で，一時期の間，専門家に対して問い方や答え方のモデルを与えるもの」（前掲書）のことである．そのような〈範型〉がはっきりと定着しているときに，特定の科学者集団が，一定期間，それに準拠して営む一連の研究が，「通常科学」と呼ばれる営為にほかならない．ところが，時間の経過とともに，〈範型〉にそぐわな

い「変則性」が数多くあらわれてくる．すなわち，〈範型〉からの予測が
ひんぱんに外れるようになると，その〈範型〉は「危機」に陥り，ついに
は新しい〈範型〉に科学者が集団的に乗りかわることによって，「科学革
命」が生じるというのである．

　クーンの科学史観によれば，こうした「科学革命」は，「古いパラダイ
ムの整備と拡張で得られる累積的な過程とは，はるかにへだたっている」．
すなわち，科学というものは，客観的な真理へと次第に収束してゆくよう
なもの，言いかえれば，新理論が旧理論を「包括」しながら，連続的に進
歩してゆくような筋合いのものではない．パラダイムの選択は，「個人的，
歴史的偶然にいろどられた恣意的要素」にまかされる．つまり，パラダイ
ムを評価する基準は，科学者集団の「価値観」にほかならず，「価値観」
の変化が「科学革命」の引き金になる，とクーンは言うのである．」[4]

また，佐和隆光氏は，社会科学の世界における「反証のがれ」について，イ
ムレ・ラカトシュの言う「精緻化された反証主義」を用いて次のように述べて
いる．

　「ラカトシュは，理論の出発点にある諸仮説（法則）を，「堅固な核」に属
するものと「防御帯」に属するものとに二分する．たとえば新古典派理論
についていえば，完全競争，主体の極大化行動，市場均衡などの諸仮説が
「堅固な核」に属する．他方，数学的演繹の便宜上導入される諸々の関数
の関数型など，理論の死活にとっては枝葉末節な仮説群が「防御帯」に属
する．理論を保守するためには，なんとしても「堅固な核」を無傷のまま
に保たねばならない．

　さて今，ありきたりの防御帯を付けたままで，堅固な核としての仮説群
から導かれた帰結が，明らかにデータと食い違った（反証された）と仮定
してみよう．とはいえ，それで万事が休したというわけではない．腕達者
な科学者ならば，事の顛末を冷静に見極めたうえで，防御帯をより適切な
ものに取り替えることによって，ものの見事に理論とデータとの整合性を

かなえてみせる（反証のがれをする）ことであろう．かくして，あわや死ぬかに思えた理論は，新しい防御帯の護りのおかげで，以前にも増してかくしゃくたる風情で生きながらえるのである[5]．」

この文章の「腕達者な科学者」をファーマ＝フレンチに置き換えれば，当初は効率的市場仮説の反証として始まった MPT の枠内における証券市場のアノマリー研究が，Fama and French（1992）の登場によって，効率的市場仮説をむしろ補強するものとなった経緯を的確に説明する文章になる．すなわち，第Ⅶ章第3節で見たように Fama and French（1992）は，CAPM の市場ベータ以外のリスクに注目することによって，効率的市場仮説の立場からアノマリーを実証した．これによって，MPT におけるアノマリー研究の蓄積は，市場ベータ以外のリスクによってアノマリーを説明するものとして位置づけられるようになったのである．

クーンは通常科学の営みについて，次のように述べている．

「新しい種類の事実を理論の中に含めることは，その理論の単なる修正以上の意味を持つ．その修正ができ上がるまでは——つまり科学者が自然を以前と違った見方で見られるようになるまでは——新しい事実は，まだ科学的事実では全くないのである[6]．」

行動ファイナンスは確かに大きな思想革命であるが，それはクーンの意味での「科学革命」ではないだろう．筆者には，先に引用したクーンのアノマリーの発見についての描写は，あたかも Basu（1977）に始まる MPT の枠内で行われたアノマリー研究や，その後の行動ファイナンス派の裁定不全アプローチの諸研究について述べているかのように思われる．

株式市場をはじめとする経済活動に関するわれわれの認識の深化とともに，主流派経済学は行動ファイナンスを取り込んで，拡張・発展していくものと思われる．主流派経済学の頑健さには驚きを禁じえない．相対立する理論さえも取り込んで，かくしゃくとして生きながらえるかのようである．

☆　　　☆　　　☆　　　☆　　　☆

おわりに　193

　最後に，さまざまなかたちで筆者をご指導いただいた先生方にお礼申し上げたい．筆者の母校である立教大学の亀川雅人先生（現在は立教大学名誉教授，文京学院大学大学院特任教授）には，懇切丁寧にご指導いただいた．とくに本書の核心部分を纏める過程で，立教大学の研究室でご指導いただいたり，メールでの遣り取りを通じて論点を明確にご指摘いただいたりした．ここに記して感謝申し上げる．もちろん，ありうべき誤りは筆者に帰する．

　立教大学での学部・大学院時代には，多くの先生からご指導いただいた．筆者が立教大学で学んだことのひとつは，古典や原典を重視することであった．とりわけ大学院時代には，古典や原典を読み思索することの大切さを多くの先生から教わった．筆者の学部時代より金融論をご指導いただき，学問の面白さを教えていただいた小西一雄先生，大学院時代に理論史研究を通じて現代の問題を考える大切さを教えていただいた黒木龍三先生にお礼申し上げたい．

　また，筆者の本務校である愛知大学の教員・職員の方がたには，さまざまなご指導・ご高配を賜った．記して感謝申し上げる．

　本書は日本財務管理学会での筆者の報告や学会誌掲載論文の積み上げによるところが大きい．学会報告や学会誌への投稿の度に，多くの先生方にご指導・ご高配を賜った．この場を借りて，厚くお礼申し上げる．

　本書の初版の出版は2009年1月である．学文社社長の田中千津子氏のお陰で出版することができた．その後，幸いなことに4回の増刷を重ね，この度，新訂版を出版することとなった．田中氏と支えてくれた読者に心からの感謝を申し上げて，筆を擱きたい．

2024年6月

竹　田　　聡

注)

1) 川西（2002）
2) 角田（2001）131頁．
3) Kuhn（1962）訳59頁．

4）佐和（1982）154-155 頁.

5）佐和（1986）83-84 頁. 括弧内も原文.

6）Kuhn（1962）訳 59 頁.

参 考 文 献

【英語文献】

Arkes, H. R., and Blumer, C. (1985) "The Psychology of Sunk Cost." *Organizational Behavior and Human Decision Processes*, 35(1): 124-140.

Banz, R. W. (1981) "The Relationship between Return and Market Value of Common Stocks." *Journal of Financial Economics*, 9(1): 3-18.

Basu, S. (1977) "Investment Performance of Common Stocks in Relation to their Price-Earnings Ratios: A Test of the Efficient Market Hypothesis." *Journal of Finance*, 32(3): 663-682.

Basu, S. (1983) "The Relationship between Earning's Yield, Market Value and Return for NYSE Common Stock: Further Evidence." *Journal of Financial Economics*, 12(1): 129-156.

Bell, D. E. (1982) "Regret in Decision Making under Uncertainty." *Operations Research*, 30(5): 961-981.

Bell, D. E. (1983) "Risk Premiums for Decision Regret." *Management Science*, 29(10): 1156-1166.

Bell, D. E. (1985) "Disappointment in Decision Making under Uncertainty." *Operations Research*, 33(1): 1-27.

Benartzi, S., and Thaler, R. H. (1995) "Myopic Loss Aversion and the Equity Premium Puzzle." In Kahneman, D., and Tversky, A. (eds.) (2000) *Choices, Values and Frames*, New York: Cambridge University Press. (以下, *CVF* と記す) Also in Thaler, R. H. (ed.) (2005) *Advances in Behavioral Finance : Vol. II*, New Jersey: Princeton University Press. (以 下, *ABF II* と 記 す) Originally published in *Quarterly Journal of Economics*, 110(1): 73-92.

Bernoulli, D. (1738) "Specimen Theoriae Novae de Mensura Sortis (Exposition of a New Theory on the Measurement of Risk)." Translated from Latin to English by Summer, L. (1954) in *Econometrica*, 22(1): 23-36.

Bernstein, P. L. (1992) *Capital Ideas : The Improbable Origins of Modern Wall Street*, New York: Free Press.〔『証券投資の思想革命：ウォール街を変えたノーベル賞経済学者たち』普及版, 青山護・山口勝業訳, 東洋経済新報社, 2006 年〕

Bernstein, P. L. (1996) *Against the Gods : The Remarkable Story of Risk*, New York: John Wiley & Sons.〔青山護訳『リスク：神々への反逆』日本経済新聞社, 1998 年〕

Bernstein, P. L. (2007) *Capital Ideas Evolving*, New Jersey: John Wiley & Sons.〔『アルファを求める男たち：金融理論を投資戦略に進化させた 17 人の物語』山口勝業

訳，東洋経済新報社，2009 年〕

Black, F. (1972) "Capital Market Equilibrium with Restricted Borrowing." *Journal of Business*, 45(3): 444–455.

Black, F. (1986) "Noise." *Journal of Finance*, 41(3): 529–543. Also in Thaler, R. H. (ed.) (1993) *Advances in Behavioral Finance*, New York: Russell Sage Foundation. (以下，*ABF* と記す)

Black, F., and Scholes, M. (1973) "The Pricing Options and Corporate Liabilities." *Journal of Political Economy*, 81(3): 637–654.

Bodie, Z., Kane, A., and Marcus, A. J. (2009) *Investments*, 8th ed., New York: McGraw-Hill.〔『証券投資 上・下』第 2 版，堀内昭義監訳，東洋経済新報社，2003-4 年〕

Brandes Institute (2006) "Value vs. Glamour: Updated and Expanded." Brandes Investment Partners.

Brealey, R., Myers, S., and Allen, F. (2006) *Principles of Corporate Finance*, 8th ed., New York: McGraw Hill.〔『コーポレートファイナンス 上・下』第 6 版，藤井眞理子・国枝繁樹監訳，日経 BP 社，2002 年〕

Buffett, Mary, and Clark, D. (2001) *The Buffettology Workbook*. Simon & Schuster.〔『バフェットの銘柄選択術』井手正介・中熊靖和訳，日本経済新聞社，2002 年〕

Carhart, M. M. (1997) "On the Persistence in Mutual Fund Performance." *Journal of Finance*, 52(1): 57–82.

Casscells, W., Schoenberger, A., and Garyboys, T. (1978) "Interpretation by Physicians of Clinical Laboratory Results." *New England Journal of Medicine*, 299(18): 999–1001.

Cootner, P. H. (eds.) (2000) *The Random Character of Stock Market Prices*, London: Risk Publications.

Cowles, A., 3rd. (1933) "Can Stock Market Forecasters Forecast?" *Econometrica*, 1(3): 309–324.

De Bondt, W. F. M., and Thaler, R. H. (1985) "Does the Stock Market Overreact?" *Journal of Finance*, 40(3): 793–805. Also in *ABF*.

De Bondt, W. F. M., and Thaler, R. H. (1987) "Further Evidence on Investor Overreaction and Stock Market Seasonality." *Journal of Finance*, 42(3): 557–581.

De Bondt, W. F. M., and Thaler, R. H. (1989) "A Mean-Reverting Walk Down Wall Street." *Journal of Economic Perspectives*, 3(1): 189–202. Also in *WC*.

De Long, J. B., Shleifer, A., Summers, L. H., and Waldman, R. J. (1990) "Noise Trader Risk in Financial Markets." *Journal of Political Economy*, 98(4): 703–738. Also in *ABF*.

Dreman, D. N. (1998) *Contrarian Investment Strategies : The Next Generation*, New

York: Simon & Schuster Inc.

Durand, D. (1959) "Growth Stocks and the Petersburg Paradox." *Journal of Finance*, 12(3): 348-363.

Edwards, W. (1968) "Conservatism in Human Information Processing." In Kahneman, D., Slovic, P., and Tversky, A. (eds.) (1982) *Judgment under Uncertainty : Heuristics and Biases*, New York: Cambridge University Press. (以下, *JU* と記す)

Ellis, C. D. (2002) *Winning the Loser's Game : Timeless Strategies for Successful Investing*, 4th ed., New York: McGraw Hill.〔『敗者のゲーム』新版, 鹿毛雄二訳, 日本経済新聞社, 2003 年〕

Ellsberg, D. (1961) "Risk, Ambiguity, and the Savage Axioms." *Quarterly Journal of Economics*, 75(4): 643-669.

Fama, E. F. (1970) "Efficient Capital Market: A Review of Theory and Empirical Work." *Journal of Finance*, 25(2): 383-417.

Fama, E. F. (1991) "Efficient Capital Market: II." *Journal of Finance*, 46(5): 1575-1617.

Fama, E. F., and French, K. R. (1992) "The Cross-Section of Expected Stock Returns." *Journal of Finance*, 47(2): 427-465.

Fama, E. F., and French, K. R. (1993) "Common Risk Factors in the Returns on Stocks and Bonds." *Journal of Financial Economics*, 33(1): 3-56.

Fama, E. F., and French, K. R. (1998) "Value versus Growth: The International Evidence." *Journal of Finance*, 53(6): 1975-1999.

Fama, E. F., and French, K. R. (2004) "The Capital Asset Pricing Model: Theory and Evidence." *Journal of Economic Perspectives*, 18(3): 25-46.

Fama, E. F., and French, K. R. (2012) "Size, Value, and Momentum in International Stock Returns." *Journal of Financial Economics*, 105(3): 457-472.

Fama, E. F., and French, K. R. (2015) "A five-factor Asset Pricing Model." *Journal of Financial Economics*, 116(1): 1-22.

Fama, E. F., and French, K. R. (2017) "International tests of a five-factor asset pricing model." *Journal of Financial Economics*, 123(3): 441-463.

Fama, E. F., and MacBeth, J. D. (1973) "Risk, Return, and Equilibrium: Empirical Tests." *Journal of Political Economy*, 81: 607-636.

Fox, C. R., and Tversky, A. (1995) "Ambiguity Aversion and Comparative Ignorance." *Quarterly Journal of Economics*, 110(3): 585-603. Also in *CVF*.

Friedman, M. (1953) "The Case for Flexible Exchange Rates." *Essays in Positive Eeconomics*, Chicago: University of Chicago Press, pp.157-203.

Garman, M. B. (1976) "Market Microstructure." *Journal of Financial Economics*, 3(3):

257-275.

Gilovich, T., Griffin, D., and Kahneman, D. (eds.) (2002) *Heuristics and Biases : The Psychology of Intuitive Judgement*, New York: Cambridge University Press. (*HB* と記す)

Gilovich, T., Vallone, R., and Tversky, A. (1985) "The Hot Hand in Basketball: On the Misperception of Random Sequences." *HB*. Originally published in *Cognitive Psychology*, 17: 295-314.

Green, L., Fry, A. F., and Myerson, J. (1994) "Discounting of Delayed Rewards: A Life-Span Comparison." *Psychological Science*, 5(1): 33-36.

Griffin, D., and Tversky, A. (1992) "The Weighting of Evidence and the Determinants of Confidence." *HB*. Originally published in *Cognitive Psychology*, 24(3): 411-435.

Haugen, R. A. (1999) *The Inefficient Stock Market : What Pays Off and Why*, New Jersey: Prentice Hall. 〔『株式市場のアノマリー：非効率的市場のポートフォリオ・マネジメント』大前恵一朗訳, ピアソン・エデュケーション, 2004年〕

Haugen, R. A., and Lakonishok, J. (1988) *The Incredible January Effect : The Stock Market's Unsolved Mystery*, Illinois: Irwin Professional Pub.

Iihara, Y., Kato, H. K., and Tokunaga, T. (2004) "The Winner-Loser Effect in Japanese Stock Returns." *Japan and the World Economy*, 16(4): 471-485.

Jensen, M., and Meckling, W. (1976) "Theory of the Firm: Managerial Behavior, Agency Cost, and Ownership Structure." *Journal of Financial Economics*, 3(4): 305-360.

Jegadeesh, N., and Titman, S. (1993) "Returns to Buying Winners and Selling Losers: Implications for Market Efficiency." *Journal of Finance*, 48(1): 65-91.

Kahneman, D., Knetsch, J. L., and Thaler, R. H. (1991) "The Endowment Effect, Loss Aversion, and Status Quo Bias." *CVF*. Originally published in *Journal of Economic Perspectives*, 5(1): 193-206. Also in Thaler, R. H. (2002) *The Winner's Curse : Paradoxes and Anomalies of Economic Life*, New Jersey: Princeton University Press. (以下, *WC* と記す)

Kahneman, D., Slovic, P., and Tversky, A. (eds.) (1982) *Judgment under Uncertainty : Heuristics and Biases*, New York: Cambridge University Press. (*JU* と記す)

Kahneman, D., and Tversky, A. (1972) "Subjective Probability: A Judgment of Representativeness." *JU*. Originally published in *Cognitive Psychology*, 3(3): 430-454.

Kahneman, D., and Tversky, A. (1973) "On the Psychology of Prediction." *JU*. Originally published in *Psychological Review*, 80(4): 237-251.

Kahneman, D., and Tversky, A. (1979) "Prospect Theory: An Analysis of Decision under Risk." *Econometrica*, 47(2): 263-291. Also in *CVF*.

Kahneman, D., and Tversky, A. (1984) "Choices, Value, and Frames." *American Psycologist*, 39(4): 341-350. Also in *CVF*.

Kahneman, D., and Tversky, A. (eds.) (2000) *Choices, Values and Frames*, New York: Cambridge University Press. (*CVF* と記す)

Keim, D. B. (1983) "Size-Related Anomalies and Stock Return Seasonality: Further Empirical Evidence." *Journal of Financial Economics*, 12(1): 13-32.

Kendall, M. G. (1953) "The Analysis of Economic Time-Series-Part I: Prices." *Journal of the Royal Statistical Society*, 116(1): 11-34. Also in Cootner (ed.) (2000): 99-122.

Kuhn, T. S. (1962) *The Structure of Scientific Revolutions*, Chicago: University of Chicago Press.〔『科学革命の構造』中山茂訳，みすず書房，1971 年〕

Kyle, A. S. (1985) "Continuous Actions and Insider Trading." *Econometrica*, 53(6): 1315-1335.

Lakonishok, J., Shleifer, A., Thaler, R., and Vishny, R. (1991) "Window Dressing by Pension Fund Managers." *American Economic Review*, 81(2): 227-231.

Lakonishok, J., Schleifer, A., and Vishny, R. (1994) "Contrarian Investment, Extrapolation, and Risk." *Journal of Finance*, 49(5): 1541-1578. Also in *ABF II*.

Lewis, M. (2017) *The Undoing Project : A Friendship that Changed the World*, London: Allen Lane.〔『かくて行動経済学は生まれり』渡会圭子訳，文藝春秋，2017 年〕

Lintner, J. (1965) "The Valuation of Risk Assets and the Selection of Risky Investments in Stock Portfolios and Capital Budgets." *Review of Economics and Statistics*, 47(1): 13-37.

Lo, A. W. (2005) "The Adaptive Markets Hypothesis." *Journal of Investment Consulting*, 7(2): 21-44.

Loewenstein, G. F. (1988) "Frames of Mind in Intertemporal Choice." *Management Science*, 34(2): 200-214.

Loewenstein, G. F., and Prelec, D. (1992) "Anomalies in Intertemporal Choice: Evidence and an Interpretation." *CVF*. Originally published in *Quarterly Journal of Economics*, 107(2): 573-579.

Loewenstein, G. F., and Prelec, D. (1993) "Preferences for Sequences of Outcomes." *CVF*. Originally published in *Psychological Review*, 100(1): 91-108.

Loomes, G., and Sugden, R. (1982) "Regret Theory: An Alternative Theory of Rational Choice under Uncertainty." *Economic Journal*, 92(368): 805-824.

Mandelbrot, B. B. (1966) "Forecasts of Future Prices, Unbiased Markets and

"Martingale Models"." *Journal of Business*, 39(1): 242-255.

Markowitz, H. M. (1952) "Portfolio Selection." *Journal of Finance*, 7(1): 77-91.

Mazur, J. E. (1987) "An Adjusting Procedure for Studying Delayed Reinforcement." In Commons, M. L., Mazur, J. E., Nevin, J. A., and Rachlin, H. (eds.) (1987) *Quantitative Analysis of Behavior : Vol. 5. The Effect of Delay and of Intervening Events on Reinforcement Value*, Hillsdale, NJ: Erlbaum, pp. 55-73.

Merton, R. C. (1973a) "An Intertemporal Capital Asset Pricing Model." *Econometrica*, 41(5): 867-887.

Merton, R. C. (1973b) "Theory of Rational Option Pricing." *Bell Journal of Economics and Management Science*, 4(1): 141-183.

Miller, M. H., and Modigliani, F. (1961) "Dividend Policy, Growth and the Valuation of Shares." *Journal of Business*, 34(4): 411-433.

Modigliani, F., and Miller, M. H. (1958) "The Cost of Capital, Corporation Finance and the Theory of Investment." *American Economic Review*, 48(3): 261-297.

Modigliani, F., and Miller, M. H. (1963) "Corporation Income Taxes and the Cost of Capital: A Correction." *American Economic Review*, 53(3): 433-443.

Modigliani, F., and Miller, M. H. (1969) "Reply to Heins and Sprenkle." *American Economic Review*, 59(4): 592-595.

Mossin, J. (1966) "Equilibrium in a Capital Asset Market." *Econometrica*, 34(4): 768-783.

Myers, S. C. (1984) "The Capital Structure Puzzle." *Journal of Finance*, 39(3): 574-592.

Myers, S. C., and N. S. Majluf (1984) "Corporate Financing and Investment Decisions When Firms Have Information that Investors Do Not Have." *Journal of Financial Economics*, 13(2): 187-221.

Novy-Marx, R. (2013) "The Other Side of Value: The Gross Profitability Premium." *Journal of Financial Economics*, 108(1): 1-28.

Odean, T. (1998) "Are Investor Reluctant to Realize Their Losses?" *CVF*. Originally published in *Journal of Finance*, 53(5): 1775-1798.

O'Shaughnessy, J. P. (1998) *What Works on Wall Street : A Guide to the Best-Performing Investment Strategies of All Time*, New York: McGraw Hill. 〔『ウォール街で勝つ法則：株式投資で最高の収益を上げるために』喜久田悠実監修・河村毘夫・秦由紀子訳，パンローリング，2001年〕

Prelec, D., and Loewenstein, G. (1998) "The Red and the Black: Mental Accounting of Saving and Debt." *Marketing Science*, 17(1): 4-28.

Prelec, D. (2000) "Compound Invariant Weighting Functions in Prospect Theory." *CVF*.

Raghubir, P., and Das, S. R. (1999) "A Case of Theory-Driven Experimental Enquiry." *Financial Analysts Journal*, 55(6): 56-79.

Reinganum, M. R. (1981) "Misspecification of Capital Asset Pricing: Empirical Analysis Based on Earnings Yield and Market Value." *Journal of Financial Economics*, 9(1): 19-46.

Reinganum, M. R. (1983) "The Anomalous Stock Market Behavior of Small Firms in January: Empirical Test for Tax-Loss Selling Effects." *Journal of Financial Economics*, 12(1): 89-104.

Roberts, H. V. (1959) "Stock-Market "Patterns" and Financial Analysis: Methodological Suggestions." *Journal of Finance*, 14(1): 1-10. Also in Cootner (ed.) (2000): 7-17.

Robbins, L. C. (1935) *An Essay on the Nature and Significance of Economic Science*, 3rd ed., London: Macmillan, 1984.〔『経済学の本質と意義』中山伊知郎監修・辻六兵衛訳，東洋経済新報社，1957 年〕

Roelofsma, P. H. M. P., and Keren, G. (1995) "Framing and Time-Inconsistent Preference." In Caverni, J. P., Bar-Hillel, M., Barron, F. H., and Jungermann, H. (eds.) (1995) *Contributions to Decision Making-I*, Amsterdam: Elsevier Science, pp. 351-361.

Roll, R. (1977) "A Critique of Asset Pricing Theory's Tests: Part I: On the Past and Potential Testability of the Theory." *Journal of Financial Economics*, 4(2): 129-176.

Ross, S. A. (1976) "The Arbitrage Theory of Capital Asset Pricing." *Journal of Economic Theory*, 13(3): 341-360.

Samuelson, P. A. (1965) "Economic Forecasting and Science." *Michigan Quarterly Review*, 4(4): 274-280.

Shafir, E., and Diamond, P., and Tversky, A. (1997) "Money Illusion." *CVF*. Originally published in *Quarterly Journal of Economics*, 112(2): 341-374.

Shafir, E., Simonson, I., and Tversky, A. (1993) "Reason-Based Choice." *CVF*. Originally published in *Cognition*, 49(1-2): 11-36.

Sharpe, W. F. (1963) "A Simplified Model for Portfolio Analysis." *Management Science*, 9(2): 277-293.

Sharpe, W. F. (1964) "Capital Asset Prices: A Theory of Market Equilibrium under Conditions of Risk." *Journal of Finance*, 19(3): 425-442.

Shefrin, H., and Statman, M. (1984) "Explaining Investor Preference for Cash Dividends." *Journal of Financial Economics*, 13(2): 253-282. Also in *ABF*.

Shefrin, H., and Thaler, R. H. (1988) "The Behavioral Life-Cycle Hypothesis." *WC*.

202

Originally published in *Economic Inquiry*, 26(4): 609-643.

Shleifer, A. (2000) *Inefficient Markets : An Introduction to Behavioral Finance*, New York: Oxford University Press.

Siegel, J. J. (2005) *The Future for Investors : Why the Tried and the True Triumph over the Bold and the New*, New York: Crown Pub. 〔『株式投資の未来：永続する会社が本当の利益をもたらす』瑞穂のりこ訳, 日経 BP 社, 2005 年〕

Simon, H. A. (1955) "A Behavioral Model of Rational Choice." *Quarterly Journal of Economics*, 69(1): 99-118.

Simon, H. A. (1957/1976) *Administrative Behavior : A Study of Decision-Making Processes in Administrative Organization*, 3d ed., New York: Free Press. 〔『経営行動：経営組織における意思決定プロセスの研究』新版, 松田武彦・高柳暁・二村敏子訳, ダイヤモンド社, 1989 年〕原書初版は 1945 年, 第 2 版は 1957 年, 第 3 版は 1976 年.

Slovic, P., Fischhoff, B., and Lichtenstein, S. (1982) "Facts versus Fears: Understanding Perceived Risk." *JU*.

Stewart, G. B. (1991) *The Quest for Value : A Guide for Senior Mangers*, New York: HarperCollins Publishers. 〔『EVA 創造の経営』日興リサーチセンター・河田剛・長掛良介・須藤亜里訳, 東洋経済新報社, 1998 年〕

Stiglitz, J. (1969) "A Re-Examination of Modigliani-Miller Theorem." *American Economic Review*, 59(5): 784-793.

Thaler, R. H. (1980) "Toward a Positive Theory of Consumer Choice." *CVF*. Originally published in *Journal of Economic Behavior & Organization*, 1(1): 39-60.

Thaler, R. H. (1985) "Mental Accounting and Consumer Choice." *Marketing Science*, 4 (3): 199-214.

Thaler, R. H. (1987a) "The January Effect." *Journal of Economic Perspectives*, 1(1): 197-201.

Thaler, R. H. (1987b) "Seasonal Movements in Security Prices II: Weekend, Holiday, Turn of the Month, and Intraday Effects." *Journal of Economic Perspectives*, 1 (2): 169-177.

Thaler, R. H. (ed.) (1993) *Advances in Behavioral Finance*, New York: Russell Sage Foundation. (*ABF* と記す)

Thaler, R. H. (1999a) "Mental Accounting Matters." *Journal of Behavioral Decision Making*, 12(3): 183-206. Also in *CVF*.

Thaler, R. H. (1999b) "The End of Behavioral Finance." *Financial Analysts Journal*, 55 (6): 12-17.

Thaler, R. H. (2002) *The Winner's Curse : Paradoxes and Anomalies of Economic*

Life, New Jersey: Princeton University Press.（*WC* と記す）〔『市場と感情の経済学：「勝者の呪い」はなぜ起こるのか』篠原勝訳，ダイヤモンド社，1998 年〕

Thaler, R. H.（ed.）（2005）*Advances in Behavioral Finance : Vol. II*, New Jersey: Princeton University Press.（*ABF II* と記す）

Thaler, R. H.（2015）*Misbehaving : The Making of Behavioral Economics*, New York: W. W. Norton & Company.〔『行動経済学の逆襲』遠藤真美訳，早川書房，2016 年〕

Thaler, R. H., and Benartzi, S.（2004）"Save More Tomorrow: Using Behavioral Economics to Increase Employee Saving." *Journal of Political Economy*, 112(1): S164-S187.

Thaler, R. H. and Johnson, E.（1990）"Gambling with the House Money and Trying to Break Even: Effects of Prior Outcomes on Risky Choices." *Management Science*, 36(6): 643-660.

Thaler, R. H., and Sunstein, C. R.（2003）"Libertarian Paternalism." *American Economic Review*, 93(2): 175-179.

Thaler, R. H., and Sunstein, C. R.（2009）*Nudge : Improving Decisions about Health, Wealth, and Happiness*, Revised and Expanded Edition, London: Penguin Books.〔『実践 行動経済学』遠藤真美訳，日経 BP 社，2009 年〕初版は 2008 年．

Tinic, S. M., and West, R. R.（1986）"Risk, Return and Equilibrium: A Revisit." *Journal of Political Economy*, 94(1): 126-147.

Tobin, J.（1958）"Liquidity Preference as Behavior towards Risk." *Review of Economic Studies*, 25(67): 65-86.

Todd, P. M., and Gigerenezer, G.（2000）"The Précis of Simple Heuristics That Make Us Smart." *Behavioral and Brain Sciences*, 23(5): 727-780.

Tversky, A., and Fox, C. R.（1995）"Weighing Risk and Uncertainty." *CVF*. Originally published in *Psychological Review*, 102(2): 269-283.

Tversky, A., and Kahneman, D.（1971）"The Belief in the Law of Small Numbers." *JU*. Originally published in *Psychological Bulletin*, 76(2): 105-110.

Tversky, A., and Kahneman, D.（1973）"Availability: A Heuristic for Judging Frequency and Probability." *JU*. Originally published in *Cognitive Psychology*, 4: 207-232.

Tversky, A., and Kahneman, D.（1974）"Judgment under Uncertainty: Heuristics and Biases." *Science*, 185(4157): 1124-1131. Also in *JU*.

Tversky, A., and Kahneman, D.（1981）"The Framing of Decisions and the Psychology of Choice." *Science*, 211(4481): 453-458.

Tversky, A., and Kahneman, D.（1982a）"Judgments of and by Representativeness."

JU.

Tversky, A., and Kahneman, D. (1982b) "Evidential Impact of Base Rates." *JU.*

Tversky, A., and Kahneman, D. (1992) "Advances in Prospect Theory : Cumulative Representation of Uncertainty." *CVF.* Originally published in *Journal of Risk and Uncertainty*, 5(4): 297-323.

Tversky, A., and Simonson, I. (1993) "Context-Dependent Preference." *Management Science*, 39(10): 1179-1189. Also in *CVF.*

Varian, H. R. (1999) *Intermediate Microeconomics : A Modern Approach*, 5th ed., New York: Norton & Company.〔『入門ミクロ経済学』第5版，佐藤隆三監訳・大住栄治ほか訳，勁草書房，2000年〕

von Neumann, J., and Morgenstern, O. (1953) *Theory of Games and Economic Behavior*, New Jersey : Princeton University Press.

Wagner, J. B. (1977) "Bankruptcy Costs : Some Evidence." *Journal of Finance*, 32(2): 337-347.

Working, H. (1934) "A Random Difference Series for Use in the Analysis of Time Series." *Journal of the American Statistical Association*, 29(185): 11-24.

【仏語文献】

Allais, P. M. (1953) "Le Comportement de l'Homme Rationnel devant le Risque : Critique des Postulates et Axiomes de l'Ecole Américaine." *Econometrica*, 21(4): 503-546.

Bachelier, L. (1900) *Théorie de la Spéculation. Annales Scientifiques de l'École Normale Supérieure*, Ⅲ-17. 21-86, 1900. Thesis for the Doctorate in Mathematical Sciences (defended March 29, 1900).〔英語版は Boness, A. J. trans. (1964) in Cootner (eds.) (2000): 18-87.〕

【日本語文献】

安達智彦（1997）『株価の読み方』筑摩書房

浅野幸弘（1996）『投資家から見た株式市場：バブルの構造と市場再生の条件』中央公論社

De Bondt, W. F. M. (2001)「行動ファイナンス」山口勝業訳『証券アナリストジャーナル』2001年6月号，39(7): 28-56.

古川元久（2015）『財政破綻に備える：今なすべきこと』ディスカヴァー・トゥエンティワン

広田すみれ・増田真也・坂上貴之（2006）『心理学が描くリスクの世界：行動的意思決定入門』改訂版，慶應義塾大学出版会

市川伸一（1997）『考えることの科学：推論の認知心理学への招待』中央公論社

市川伸一（1998）『確率の理解を探る：3囚人問題とその周辺』共立出版

伊藤正直（2012）「戦後ハイパー・インフレと中央銀行」『金融研究』日本銀行金融研究所，31(1): 181-226.

角田康夫（2001）『行動ファイナンス：金融市場と投資家心理のパズル』金融財政事情研究会

角田康夫（2004a）『人生と投資のパズル』文藝春秋

角田康夫（2004b）『行動ファイナンスⅡ：例題と用語集で読み解く非合理の謎』金融財政事情研究会

釜江廣志編（1998）『入門証券市場論』有斐閣

亀川雅人（1993）『企業資本と利潤：企業理論の財務的接近』第2版，中央経済社

亀川雅人（2012）「トレードオフ理論とペッキングオーダーの関連性：ペッキングオーダー理論の動学的解釈」『立教DBAジャーナル』2: 3-18.

亀川雅人（2017）「株主重視経営とROE経営の矛盾」『年報財務管理研究』28: 147-155.

加藤英明（2003）『行動ファイナンス：理論と実証』朝倉書店

河村小百合（2013）「そして預金は切り捨てられた　戦後日本の債務調整の悲惨な現実」ダイヤモンド・オンライン（http://diamond.jp/articles/-/40167　2024年6月2日閲覧）

河村小百合（2016）『中央銀行は持ちこたえられるか：忍び寄る「経済敗戦」の足音』集英社

川西諭（2002）「行動ファイナンスという革命」『DIRECTION AUTUMN 2002』メリルリンチ・インベストメント・マネジャーズ

清武英利（2016）『プライベートバンカー：カネ守りと新富裕層』講談社

国立社会保障・人口問題研究所（2023）「日本の将来推計人口（令和5年推計）」（https://www.ipss.go.jp/pp-zenkoku/j/zenkoku2023/pp202311_ReportALL.pdf　2024年6月2日閲覧）

厚生労働省（2023）「社会保障の給付と負担の現状（2023年度予算ベース）」（https://www.mhlw.go.jp/content/12600000/001094426.pdf　2024年6月2日閲覧）

真壁昭夫（2003）『最強のファイナンス理論：心理学が解くマーケットの謎』講談社

西村和雄（1996）『ミクロ経済学』岩波書店

日本銀行（2016）「金融システムレポート」2016年10月24日．（https://www.boj.or.jp/research/brp/fsr/data/fsr161024a.pdf　2024年6月2日閲覧）

年金積立金管理運用独立行政法人（2014）「中期計画の変更について」2014年10月31日．（http://www.gpif.go.jp/topics/2014/pdf/1031_midterm_plan_henkou.pdf　2014年11月2日閲覧）

年金積立金管理運用独立行政法人（2020）「基本ポートフォリオの変更について（詳

細　）」2020 年 3 月 31 日．（https://www.gpif.go.jp/topics/Adoption%20of%20
New%20Policy%20Portfolio_Jp_details.pdf　2024 年 6 月 2 日閲覧）

野村證券投資情報部（2000）『株式投資の基礎』丸善

岡崎哲二・奥野正寛編（1993）『現代日本経済システムの源流』日本経済新聞社

岡崎哲二・吉川洋（1993）「戦後インフレーションとドッジ・ライン」香西泰・寺西重
　　郎編『戦後日本の経済改革：市場と政府』第 3 章，東京大学出版会

小黒一正（2016）『預金封鎖に備えよ：マイナス金利の先にある危機』朝日新聞出版

大蔵省財政史室編（1976）『昭和財政史：終戦から講和まで』第 12 巻（金融(1)），東洋
　　経済新報社

大蔵省財政史室編（1978）『昭和財政史：終戦から講和まで』第 19 巻（統計），東洋経
　　済新報社

大蔵省財政史室編（1983）『昭和財政史：終戦から講和まで』第 11 巻（政府債務），東
　　洋経済新報社

大村敬一・川北英隆・宇野淳・俊野雅司（1998）『株式市場のマイクロストラクチャ
　　ー：株価形成メカニズムの経済分析』日本経済新聞社

大津広一（2005）『企業価値を創造する会計指標入門：10 の代表指標をケーススタディ
　　で読み解く』ダイヤモンド社

榊原茂樹（1986）『現代財務理論』千倉書房

榊原茂樹・青山護・浅野幸弘（1998）『証券投資論』第 3 版，日本経済新聞社

櫻川昌哉（2015）「金融立国を見据えた成長戦略」櫻川昌哉・宿輪純一『金融が支える
　　日本経済』第 4 章，東洋経済新報社

佐藤猛（2008）『証券市場の基礎理論』税務経理協会

佐藤猛（2016）『証券理論の新体系』税務経理協会

佐和隆光（1982）『経済学とは何だろうか』岩波書店

佐和隆光（1986）「夢と禁欲」浅田彰・黒田末寿・佐和隆光・長野敬・山口昌哉『科学
　　的方法とは何か』中央公論社，73-94 頁．

繁桝算男（1995）『意思決定の認知統計学』朝倉書店

鈴木一功（2004）『企業価値評価 実践編』ダイヤモンド社

橘玲（2006）『臆病者のための株入門』文藝春秋

竹田聡（1997）「利子率決定論を巡って」『立教経済学研究』50(4)：79-94．

竹田聡（1998）「バブルの膨張・収縮と企業の両建て「財テク」」『年報 財務管理研究』
　　8：7-13，日本財務管理学会

竹田聡（2005a）「日本の財政破綻：「企業環境」の視点から経済政策を考察する」『浜松
　　大学研究論集』18(1)：59-66．

竹田聡（2007a）「株式市場から見た航空業の規制緩和：イベントスタディ法による検
　　証」『年報 財務管理研究』18：82-87．

竹田聡（2007b）「インデックス運用を巡って：その優位性と陥穽」『浜松大学研究論集』20(1): 123-134.

竹田聡（2007c）「MPT とインデックス運用：1990 年以降の株価指数による検証」『浜松大学研究論集』20(2): 217-233.

竹田聡（2008）「行動ファイナンスと株式投資：株式市場におけるエビデンスの整理を中心に」『浜松大学研究論集』21(1): 25-53.

竹田聡（2009）『証券投資の理論と実際：MPT の誕生から行動ファイナンスへの理論史』初版，学文社

竹田聡（2013）「ROIC と EV/EBITDA 倍率による投資戦略：リーマンショック前後に組成したポートフォリオによる検証」『年報財務管理研究』24: 100-105.

竹田聡（2015a）「我が国の家計のリスク資産運用を巡って：世代別インターネット調査による検証」『証券経済学会年報』50: 57-66.

竹田聡（2015b）「グローバル市場ポートフォリオとマクロ投資戦略」『年報財務管理研究』26: 101-107.

竹田聡（2016）「GPIF の基本ポートフォリオの変更を巡って：日本株組入れ比率の目安の変更をどう見るか」『年報財務管理研究』27: 148-154.

竹田聡（2017）「財政破綻リスクと資産運用戦略：無リスク資産の存在しない現実世界で考える」『年報財務管理研究』28: 98-110.

竹田聡（2018a）「証券投資の理論史研究：我が国の家計・年金基金の資産運用への示唆を探る」立教大学博士論文

竹田聡（2018b）「個人型確定拠出年金を巡って：行動ファイナンスの観点から制度設計を考える」『年報財務管理研究』29: 149-155.

竹田聡（2019）「ポスト CAPM のファクターモデルを巡って：米国株市場におけるエビデンスの整理を中心に」『年報財務管理研究』30: 143-150.

竹田聡（2020）「家計のアセット・アロケーションを考える：Robbins［2014］のオール・シーズンズ戦略を巡って」『年報財務管理研究』31: 129-136.

竹田聡（2024）「新 NISA の合理的活用法：MPT と行動ファイナンスの 2 つの観点から」『年報財務管理研究』35: 21-28.

友野典男（2006）『行動経済学：経済は「感情」で動いている』光文社

俊野雅司（2004）『証券市場と行動ファイナンス』東洋経済新報社

津田博史（1994）『株式の統計学』朝倉書店

津田博史・吉野貴晶（2016）『株式の計量分析入門』朝倉書店

渡辺茂（1994）『ROE［株主資本利益率］革命：新時代の企業財務戦略』東洋経済新報社

渡辺茂編（2003）『ケースと図解で学ぶ企業価値評価』日本経済新聞社

山崎元（2007）『新しい株式投資論：「合理的へそ曲がり」のすすめ』PHP 研究所

財務省（various issues）「債務管理リポート：国の債務管理と公的債務の現状」（http://

www.mof.go.jp/jgbs/publication/　2024 年 6 月 2 日閲覧）

財務省（2023）「日本の財政関係資料」2023 年 4 月．（https://www.mof.go.jp/policy/
budget/fiscal_condition/related_data/202304_00.pdf　2024 年 6 月 2 日閲覧）

用 語 索 引

あ行

曖昧性効果　132
曖昧性の回避　132
アジアの疾病問題　146
アセット・アロケーション　16, 91, 103
アノマリー　72, 190
アービトラージャー　53
あぶく銭効果　149
アレのパラドックス　129
アンカリング　65, 169
　──と調整ヒューリスティック　169
一月効果　62
EVA スプレッド　45
インデックス運用　23
インデックス・ファンド　23
ウィーク・フォームの効率性　30
ウェイト関数　136
売上高利益率　79
エクストラポレーション・バイアス　64
エージェンシー・コスト　41
MM の無関連命題　41
エルズバーグの壺　131

か行

回帰の過小評価　162
解決可能性　128
確実性効果　131
確率評価の非線形性　138
過剰反応仮説　58
価値関数　136
勝ち組ポートフォリオ　59
勝ち組・負け組効果　60
株価キャッシュフロー倍率　78
株価収益率　73
株価純資産倍率　79

株価レシオ仮説　74
株式投資収益率　3
株式プレミアムのパズル　144
株主資本コスト　38
株主資本利益率　79
貨幣錯覚　150
還元性　128
感染者問題　167
機会費用　140
　──の過小評価　149
期間選択　153
企業価値　39
基準率　164
　──の無視　164
期待効用関数　125
期待効用理論　125
　──の公理　127
期待収益率　3
期待リターン　3
規範からの逸脱　156
規範理論　121, 156
競争的淘汰　50, 52, 54
近視眼的損失回避　144
金融抑圧　188
偶然の事象に対する過剰反応　161
グラマー株　64, 77
グロース株　77
グローバル市場ポートフォリオ　24, 104
検索容易性　168
現代ポートフォリオ理論　12
顕著性　169
限定合理性　132
コイン投げゲーム　9
後悔理論　155
効率的市場仮説　30
効率的フロンティア　15
効率的ポートフォリオ　15
合理的な経済人　132
小型株効果　74
心の会計　147

さ行

最終レース効果　139
サイズ効果　74
サイズ・ファクター　108
裁定価格理論　20
裁定取引　21, 50
裁定ポートフォリオ　21, 64
最適化基準　133
最適ポートフォリオ　16
債務不履行　175
財務レバレッジ　79
錯覚的因果関係　162
錯覚的相関関係　162
サンクコスト　140
　　──効果　140
サンクト・ペテルブルクのパラドックス　122
参照点　136
時間非整合的選好　154
事業価値　39
事後確率　165
市場の声　42
市場ポートフォリオ　18
市場リスク　18
　　──・プレミアム　18
システマティック・リスク　18
事前確率　164
資本コスト　37
資本資産評価モデル　17
資本市場線　15
弱順序性　128
収益性ファクター　110, 111
証券価格評価の誤り　84
証券市場線　19
条件付確率　165
少数の法則　160
正味現在価値　42
心理的勘定　147
推移性　128
スティーブ問題　164
ストロング・フォームの効率性　31
スネーク・バイト効果　149

正のドリフトを持つランダム・ウォーク　9
セミストロング・フォームの効率性　30
選好の逆転　154
選択行動の合理性　128
想起容易性　169
双曲割引　153
総資産回転率　79
総資産利益率　79
相対困窮度ファクター　84
ソブリン・シーリング　183
損失回避　137
損失先送り効果　139

た行

代替性　128
代表性ヒューリスティック　159
タクシー問題　165
タックス・ロス売り効果　75
妥当性の錯覚　159
チャート分析　6
テクニカル分析　6
デフォルト　175
投下資本　43
投資負担ファクター　111
独立性　128
　　──の公理の侵犯　130
賭博者の錯誤　161
トラッキング・エラー　23

な行

2年目のジンクス　162
認知的不協和　66, 120
ノイズ・トレーダー　51
　　──・モデル　53
　　──・リスク　54

は行

配当利回り　80
ハイパーインフレーション　180

ハウスマネー効果　149
バリュー株　64, 77
バリュー投資の優位性　81
バリュー・ファクター　109
反転効果　137
低い確率の過大評価　142
ヒューリスティック　159
病院問題　163
標本の大きさの無視　163
標本の大きさへの感受性の低さ
　163
比率差原則　152
ファクター　21
フォン・ノイマン＝モルゲンシュテル
ン型効用関数　125
負債コスト　38
不変性　128
　──の公理の侵犯　135
ブラウン運動　1
フリー・キャッシュフロー　40
ブレーク・イーブン効果　139
フレーミング効果　136
フレーム矮小化　144
プロスペクト理論　134
分散投資　13
分離定理　16
平均回帰　58
ベイズの定理　164
ベータ値　18
保険文脈　152
保守性バイアス　65
ホットハンドの誤り　161
本命・大穴バイアス　143

ま行

負け組ポートフォリオ　59
マーケット・マイクロストラクチャ
ー　55, 57
マルチ・ファクター・モデル　22,
　81, 93, 107
満足化基準　133
ミスバリュー度　84
無リスク金利　18
モメンタム　65, 109
　──・ファクター　109, 110

や行

ユニーク・リスク　18
預金封鎖　178

ら行

ランダム・ウォーク　1
ランダム系列の誤認知　161
リスク愛好者　126
リスク回避　126
　──効果　149
リスク中立　126
リスクとリターン　3
利得と損失の非対称性　137
リバーサル　60, 64
利用可能性ヒューリスティック
　168
リンダ問題　159
連言錯誤　160
連続性　128

アルファベット索引

APT	20	NPV	42
BPS	79	PBR	79
CAPM	17	PCFR	78
DCF	39, 77	PER	73, 77
EPS	77	ROA	79
ETF	23	ROE	79
EVA	44	ROIC	43
GPIF	90	WACC	38
MPT	12		

人 名 索 引

あ行

ヴィシュニー　64

か行

カイム　75
カーネマン　134
クーン　190
ケンドール　5
コールズ　4

さ行

サイモン　132
サマーズ　53
サムエルソン　29
シャープ　17
シュレイファー　48, 53, 64
セイラー　52, 58, 144, 171

た行

デボント　52, 58
デロング　53
トゥベルスキー　134
トービン　16

は行

バシュリエ　2

バスー　73
バンズ　74
ファーマ　30, 80
フェスティンガー　66, 120
フォン・ノイマン　125
ブラック　51
フリードマン　51
フレンチ　80
ベナールッチ　144
ベルヌーイ，ダニエル　122
ベルヌーイ，ニコラス　121

ま行

マルコビッツ　13
モルゲンシュテルン　125

ら行

ラインガナム　75
ラコニショク　64
ロス　20
ロバーツ　6
ロビンズ　140

わ行

ワーキング　5
ワルドマン　53

著者紹介

竹田　聡（たけだ　さとし）

愛知大学地域政策学部教授

神奈川県に生まれ，立教大学経済学部卒，株式会社富士銀行（現在のみずほ銀行）を経て，立教大学大学院経済学研究科博士課程単位取得退学．浜松大学（現在の常葉大学）講師，助教授，准教授，教授，愛知大学地域政策学部准教授を経て，2014年より現職．

著書・論文

『Excelによる経済データ分析』東京図書
「バブルの膨張・収縮と企業の両建て「財テク」」『年報 財務管理研究』
「GPIFの基本ポートフォリオの変更を巡って」『年報 財務管理研究』
「我が国の家計のリスク資産運用を巡って」『証券経済学会年報』など．

証券投資の理論と実際
─MPTの誕生から行動ファイナンスへの理論史─〈新訂版〉

2009年1月30日　第一版第一刷発行
2017年1月30日　第二版第一刷発行
2024年9月1日　新訂版第一刷発行

著　者　竹　田　　聡
発行所　㈱学　文　社
発行者　田中千津子

東京都目黒区下目黒3－6－1
〒153-0064　電話(03)3715-1501　（代表）　振替　00130-9-98842
http://www.gakubunsha.com

落丁，乱丁本は，本社にてお取り替えします．　　　　印刷／亨有堂印刷所
定価は，カバーに表示してあります．　　　　　　　　　〈検印省略〉

ISBN 978-4-7620-3375-9
© 2024　TAKEDA Satoshi Printed in Japan